중간지원조직 위탁

정보화사업

사회복지시설

평생교육시설

청소년수련시설

문화예술시설

관광시설

체육시설

민원콜센터

폐기물처리시설

생활폐기물 수집운반

상수도시설

공공하수도시설

2025
전국 지방자치단체
상수도시설 운영현황

한국민간위탁연구소
Korea Contracting-out Institute

공공관리연구원

2025 전국 지방자치단체 　　　　　　　　　　　　　　　　2025. 09.

민·관 협업사무 운영 현황

| 지방상수도 |

한국민간위탁연구소

한국민간위탁연구소는 정부에서 운영하는 민간위탁 공공서비스의 효율성 향상을 위해 설립된 연구기관입니다. 민간위탁은 성과지향형 공공서비스제공 공급방식의 하나로써 더 나은 정부, 더 효율적인 정부로 가기 위한 제도입니다.

세상의 모든 사물은 세상의 변화를 수용해야 합니다. 민간위탁 사무 또한 운영 목적이나 사회적 가치변화를 수용해야하기 때문에 지속적으로 변화해 왔습니다. 현행 민간위탁 사무의 유형은 공익적 성격과 사익적성격의 사무가 혼재되어 스펙트럼이 다양합니다. 시대적 흐름과 환경변화에 맞는 민간위탁사무는 갈수록 커뮤니티거버넌스형(CG) 공공서비스 제공방식으로 변화되어 가고 있습니다.

이를 효율적으로 관리하기 위해서는 민간위탁의 본질을 이해해야 하는데, 대표적인 영문표기가 contracting out인 것처럼 구매계약 또는 외주계약으로 계약에 관한 전반적인 프로세스를 이해하고 계약관리능력이 필요한 제도라는 것을 이해해야 합니다. 민간위탁 과정은 먼저 민간위탁을 위한 추진계획을 수립한 후 지방의회의 심의를 거쳐 민간위탁 선정심의위원회의 선정과정을 통해 최종 민간위탁 사업자를 선정하게 됩니다. 이 과정에 민간위탁 업체선정을 위한 계약법검토, 조례제정 또는 개정, 적정 위탁비용 산정, 위탁 후 성과평가 결과 적용을 위한 지표개발 등 세부적이고 전문적인 연구결과를 통한 의사결정 자료가 필요하게 됩니다. 이러한 연구결과는 민간기업이 공공서비스를 제공할 때 지속적인 품질 개선을 유도함으로써 서비스경쟁력을 향상시키고, 지자체는 효율적인 예산운영을 통하여 과대 또는 과소예산으로 인한 사회적 비용을 감소시키며 재정운영의 건전성을 증대시키는 효과가 있습니다. 이와 같이 민간위탁만을 연구해온 저희 연구소는 다양한 연구를 통해 얻은 노하우를 바탕으로 좀 더 선진화된 민간위탁 의사결정 자료와 효율적인 운영방안을 제안하는 역할을 수행할 것입니다.

연구소장 배성기

주요연구분야	연락처
공공서비스디자인(Public Service Design)	전화 : 02 943 1941
민간위탁관리(Contracting Out Management)	팩스 : 02 943 1948
사업타당성검토(Project Feasibility)	이메일 : pami@pami.re.kr
정부원가계산(Government Cost Accounting)	홈페이지: www.pami.re.kr
정부보조금정산(Government Grant Accounting)	
공공서비스성과평가(Public Service Performance Evaluation)	
사회적경제기업(Social Economy), 사회적가치평가(SROI)	
조직 진단(Organizational Structure Design)	
공공관리혁신(Public Management Innovation)	
사회기반시설 자산관리(Infrastructure Asset Management)	

2025 전국 지방자치단체 「민·관 협업사무 운영현황」은 이렇게 발간되었습니다.

1. 조사개요

민·관 협업은 학계와 실무계를 불문하고 사회 각계각층이 이 주제의 중요성을 인식하고 처방적 대안 마련에 관심을 쏟고 있음에도 민간위탁 케이스별 연구만이 주로 되어 왔습니다. 또한 사회적 현상을 기반으로 공공서비스의 유형을 공공서비스, 준공공서비스, 선택적 공공서비스 등으로의 구분하고 공익성의 정도에 따른 관리기법 및 예산운영 방법 등을 심도 있게 연구한 연구문헌이 부족한 상황입니다.

민·관 협업형 공공서비스는 국민들과의 최접점에서 공급되는 공공서비스로 지속적으로 성장하는 국민들의 공공서비스 수요를 반영하고 개선하기 위해서는 다양한 주제와 분야별로 지속적인 연구가 되어야 합니다. 하지만 이러한 연구를 하기 위한 기초적 통계자료가 없다는 것은 실로 놀라운 일이 아닐 수 없습니다.

따라서 본 조사는 전국 243개 지자체 전부를 대상으로 민·관 협업사무 현황을 분석하기 위해 지자체의 민간경상사업보조(307-02), 민간단체 법정운영비보조(307-03), 민간행사사업보조(307-04), 민간위탁금(307-05), 사회복지시설법정운영비보조(307-10), 사회복지사업보조(307-11), 민간인위탁교육비(307-12), 공기관등에 대한 경상적 위탁사업비(308-13), 공사공단 경상전출금(309-01), 민간자본사업보조 자체재원(402-01), 민간자본사업보조 이전재원(402-02), 민간위탁사업비(402-03), 공기관등에 대한 자본적 위탁사업비(403-02), 공사공단 자본전출금(404-01) 예산을 조사한 후 해당사무별 업체선정방법, 개별조례 유무, 원가산정기준, 서비스(성과)평가 유무, 수탁기업 현황 등에 대한 정보공개요청을 통해 현황을 조사하였습니다.

본 조사를 통해 얻을 수 있었던 것은 동종의 민·관 협업사무라도 운영예산규모, 업체선정기준, 개별조례유무, 위탁비용 산정기준, 서비스(성과)평가 유무 등이 같지 않다는 것을 알 수 있었습니다. 이를 검증하기 위해서는 심도 있는 연구가 수행 되어야 하겠으나 이런 비교결과조차도 유의미하다고 생각됩니다.

전국 지자체 민·관 협업사무 통계조사의 효용성은 첫째, 유사 민·관 협업사무의 운영예산 확인을 통한 예산운영의 적정성을 판단할 수 있는 기준자료, 둘째, 개별조례 유무 확인을 통한 제정 및 개정 용이, 셋째, 적정 비용 산정기준 확인, 넷째, 성과평가 기준 확인, 다섯째, 민간위탁기업명 확인을 통한 경쟁력 있는 기업선정 기초자료 확보 등과 같습니다.

상기와 같은 조사를 통해 궁극적으로 얻고자 한 것은 「건전한 긴장관계 유지」 입니다. 전국 민·관 협업사무 운영현황을 통해 사무의 종류와 예산의 규모, 협업 수행 기업의 종류와 유형이 공개됨으로써 민·관 협업사무를 추진하는 입장에서는 선택의 폭이 넓어질 것이고, 서비스를 받는 국민의 입장에서는 서비스기업 간 경쟁시스템이 올바르게 갖추어져, 좀 더 체계적이며, 경제적이고, 만족할 만한 공공서비스가 제공 되어질 것입니다.

현 통계 조사의 한계점은 지자체에서 민간이전(307), 자치단체등이전(308), 전출금(309), 민간자본이전(402), 자치단체자본이전(403), 공기업전출금(404) 예산으로 운영하는 사무를 총괄하여 나열하였으나 해당 사무의 예산 편성시 다른 예산항목 사업으로 편성하여 혼재되어 공개된 사무가 다수 존재합니다. 이는 향후 관리자 교육을 통해 민간위탁 사업의 정확한 이해를 기반으로 해당사무 운영 기본 조례 제·개정과 함께 해당 사무가 운영될 시에 해소가 될 것으로 판단됩니다.

본 현황분석은 한국민간위탁연구소의 열 번 째 전국단위 민·관 협업사무 운영현황 통계조사를 한 것으로서 미흡한 부분이 다소 존재합니다. 하지만 전국 민·관 협업 서비스 발전을 위한 기초 연구자료로써 중요한 역할을 할 수 있을 것을 기대합니다.

도움을 주신 전국 민·관 협업사무 담당 공무원분들께 감사드립니다.

〈주요 분야 조사결과〉

(자료요청기관수: 245개 지자체 / 단위: 백만원)

분야	2023년 기준 예산	2024년 기준 예산	2025년 기준 예산
하수도	2,148,373	2,224,146	2,418,765
상수도	-	2,552,021	2,708,947
생활폐기물 수집운반	1,956,510	2,137,423	2,638,934
폐기물처리시설	638,846	1,168,608	1,235,285
민원콜센터	-	69,450	75,904
체육시설	478,701	866,072	992,137
관광시설	150,187	180,118	203,502
문화예술시설	323,826	504,846	593,449
청소년수련시설	181,774	242,673	245,763
평생교육시설	-	96,335	118,617
사회복지시설	-	2,220,947	2,478,048
정보화사업	-	703,826	707,663
중간지원조직	-	397,602	502,325

2. 조사기간 : 2025년 6월 ~ 2025년 9월

3. 조사결과

〈상수도 분야 조사결과 종합〉

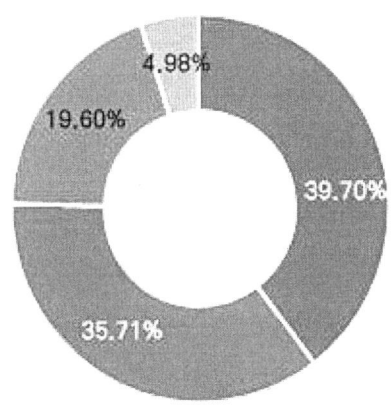

순위	문항	응답 건수(건)	백분율(%)
1	정수시설	239	39.70
2	취수시설	215	35.71
3	관로	118	19.60
4	기타	30	4.98

〈 2025년 상수도시설 분야 시설별 분류 통계 〉

예산편성 비목

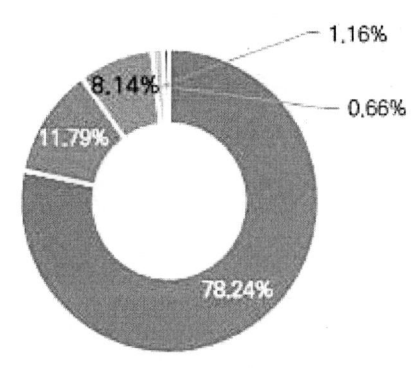

- 직영
- 기타
- 민간위탁금(307-05)
- 공기관등에대한경상적위탁사업비(308-13)
- 민간위탁사업비(402-03)

순위	문항	응답 건수(건)	백분율(%)
1	직영	471	78.24%
2	공기관등에대한경상적위탁사업비(308-13)	71	11.79%
3	기타	49	8.14%
4	민간위탁사업비(402-03)	7	1.16%
5	민간위탁금(307-05)	4	0.66%

〈 2025년 상수도시설 분야 예산편성 비목 통계 〉

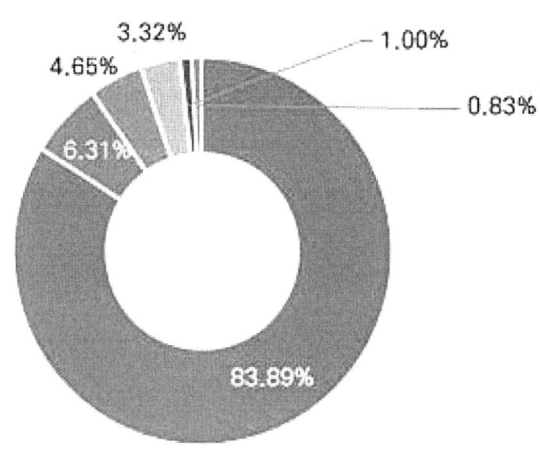

순위	문항	응답 건수(건)	백분율(%)
1	해당없음	505	83.89
2	법정위탁	38	6.31
3	수의계약	28	4.65
4	기타	20	3.32
5	일반경쟁	6	1.00
6	제한경쟁	5	0.83

〈 2025년 상수도시설 분야 계약체결방법 통계 〉

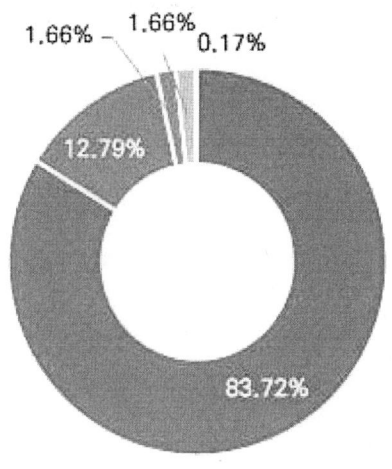

순위	문항	응답 건수(건)	백분율(%)
1	단기계약(1년 미만)	504	83.72
2	기타	77	12.79
3	1년	10	1.66
4	3년	10	1.66
5	5년	1	0.17

〈 2025년 상수도시설 분야 계약기간 통계 〉

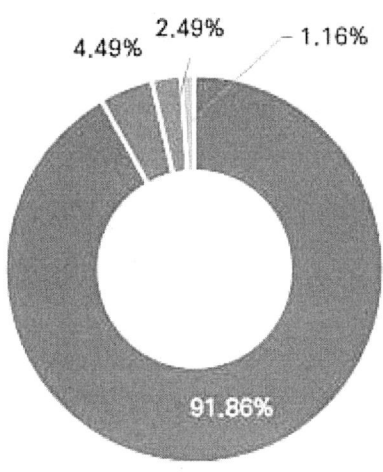

순위	문항	응답 건수(건)	백분율(%)
1	해당없음	553	91.86
2	기타	27	4.49
3	협상에의한계약	15	2.49
4	적격심사	7	1.16

〈 2025년 상수도시설 분야 낙찰자 선정방법 통계 〉

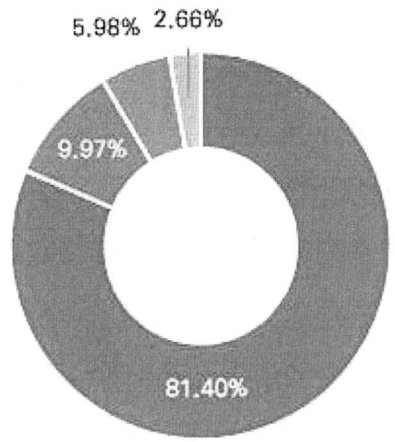

순위	문항	응답 건수(건)	백분율(%)
1	산정 안함	490	81.40
2	외부산정(외부전문기관 위탁)	60	9.97
3	내부산정(지자체 자체산정)	36	5.98
4	내·외부 모두산정	16	2.66

〈 2025년 상수도시설 분야 운영예산 산정 통계 〉

상수도시설 운영주체

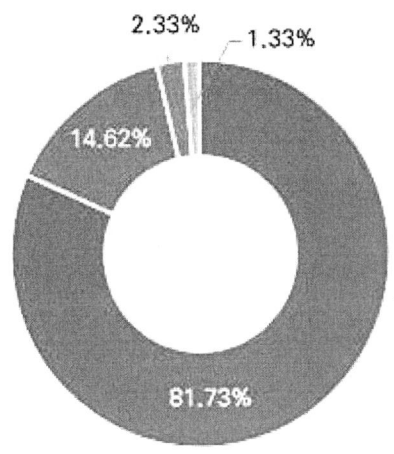

순위	문항	응답 건수(건)	백분율(%)
1	직영	492	81.73
2	공사, 공단	88	14.62
3	민간기업	14	2.33
4	기타	8	1.33

〈 2025년 상수도시설 분야 운영주체 통계 〉

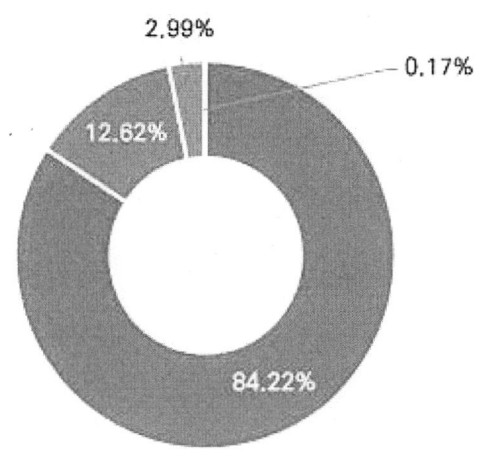

순위	문항	응답 건수(건)	백분율(%)
1	해당없음	507	84.22
2	실시	76	12.62
3	미실시	18	2.99
4	향후 추진	1	0.17

〈 2025년 상수도시설 분야 성과평가 실시여부 통계 〉

성과평가 주기

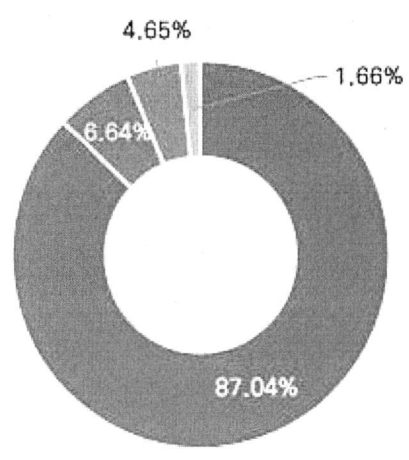

순위	문항	응답 건수(건)	백분율(%)
1	기타	524	87.04
2	매년	40	6.64
3	격년	28	4.65
4	계약기간만료전	10	1.66

〈 2025년 상수도시설 분야 성과평가 주기 통계 〉

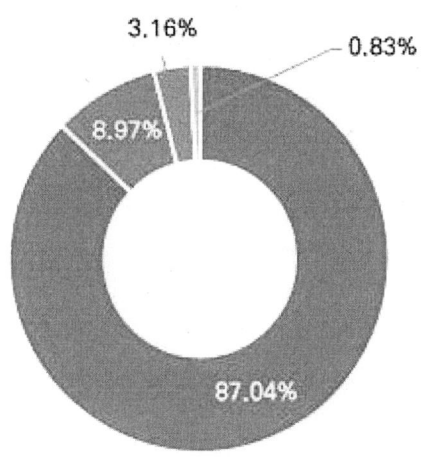

순위	문항	응답 건수(건)	백분율(%)
1	기타	524	87.04
2	전문 평가기관 의뢰	54	8.97
3	자체 실시	19	3.16
4	상·하수도 협회 의뢰	5	0.83

〈 2025년 상수도시설 분야 성과평가 실시방법 통계 〉

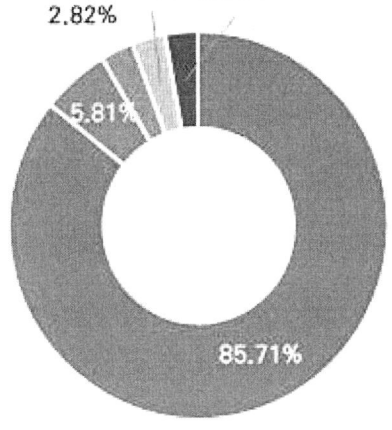

순위	문항	응답 건수(건)	백분율(%)
1	해당없음	516	85.71
2	환경부지침적용	35	5.81
3	환경부지침+지역여건반영	17	2.82
4	전문평가기관의뢰	17	2.82
5	기타	17	2.82

〈 2025년 상수도시설 분야 평가기준 적용방법 통계 〉

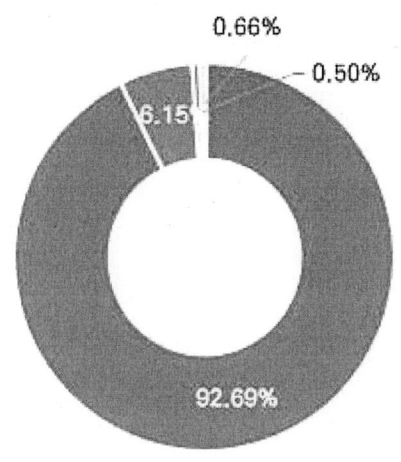

순위	문항	응답 건수(건)	백분율(%)
1	해당없음	558	92.69
2	매년 적용	37	6.15
3	적용 안함	4	0.66
4	기타	3	0.50

〈 2025년 상수도시설 분야 인센티브 및 패널티 적용여부 통계 〉

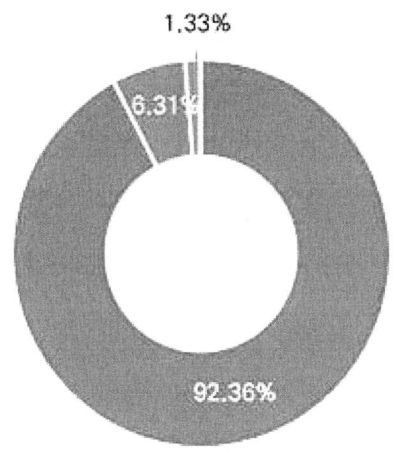

순위	문항	응답 건수(건)	백분율(%)
1	해당없음	556	92.36
2	계약서	38	6.31
3	기타	8	1.33

〈 2025년 상수도시설 분야 인센티브 및 패널티 적용근거 통계 〉

지방상수도시설별 예산 현황

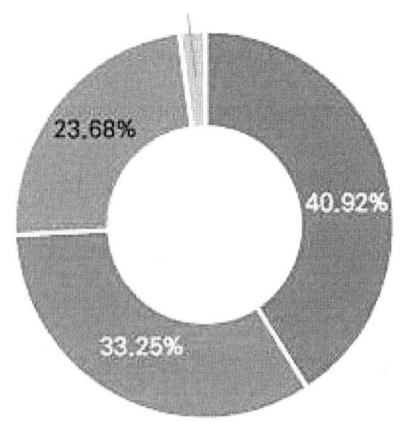

■ 정수시설   ■ 취수시설   ■ 관로   ▥ 기타

순위	문항	예산액(천원)	백분율(%)
1	정수시설	1,108,623,412	40.92
2	취수시설	900,833,488	33.25
3	관로	641,519,249	23.68
4	기타	57,970,668	2.14

〈 2025년 상수도시설 분야 인센티브 및 패널티 적용여부 통계 〉

■ 민·관협업 예산비목 설명

1) 민간경상사업보조(307-02)란 민간이 행하는 사업에 대하여 자치단체가 이를 권장하기 위하여 교부하는 것으로 자본적 경비를 제외한 보조금을 말함
2) 민간단체 법정운영비보조(307-03)란 지방재정법 제17조 및 지방보조금법 제6조제2항에 따라 운영비를 지원할 수 있는 단체 등에 지원하는 경비를 말함
3) 민간행사사업보조(307-04)란 민간이 주관 또는 주최하는 행사에 대하여 자본적 경비를 제외한 보조금을 말함
4) 민간위탁금(307-05)이란 국가 또는 지방자치단체가 법령 및 조례에 의하여 민간인에게 위탁 관리시키는 사업 중 기금성격의 사업비로서 사업이 종료되거나 위탁이 폐지될 때에는 전액 국고 또는 지방비로 회수가 가능한 사업을 말함
5) 사회복지시설 법정운영비 보조(307-10)란 주민 복지를 위해 법령의 명시적 근거에 따라 사회복지시설에 대하여 운영비 지원 목적으로 편성하는 보조금을 말함
6) 사회복지사업보조(307-11)란 주민 복지를 위해 법령 또는 조례상 지원기준에 따라 의무적으로 지출하는 보조금 또는 자치단체가 권장하는 다음 각 호의 사업을 위하여 지급하는 보조금으로서 자본적 경비를 제외한 경비를 말함
7) 민간인위탁교육비(307-12)란 법령 또는 조례 등에 따라 자치단체 사무를 위해 민간인을 위탁교육할 경우 위탁기관에 지급할 위탁교육비를 말함
8) 공기관등에 대한 경상적 위탁사업비(308-13)란 광역사업 등 당해 자치단체가 시행하여야 할 자본형성적 사업 외의 경비를 공기관에 위임 또는 위탁, 대행하여 시행할 경우 부담하는 제반 경비, 지방자치단체조합(한국지역정보개발원 등)에 위탁하는 자본 형성적 사업 외 제반 경비를 말함
9) 공사·공단 경상전출금(309-01)이란 공사·공단에 대한 자본전출금을 제외한 전출금을 말함
10) 민간자본사업보조(자체재원)(402-01)이란 민간의 자본형성을 위하여 민간이 추진하는 사업을 권장할 목적으로 민간에게 자치단체 자체 재원으로 직접 지급하는 보조금을 말함
11) 민간자본사업보조(이전재원)(402-02)이란 민간의 자본형성을 위하여 민간이 추진하는 사업을 권장할 목적으로 민간에게 국비 또는 시도비를 시도 및 시군구에서 지급하는 보조금
12) 민간위탁사업비(402-03)란 자치단체가 직접 추진하여야 할 사업으로서 법령의 규정에 의하여 민간에 위임 또는 위탁, 대행시키는 사업의 사업비, 국가 또는 지방자치단체의 위임사무에 수반하는 경비로서 지방자치단체 이외의 타에 지급하는 교부금을 말함
13) 공기관등에 대한 자본적 위탁사업비(403-02)란 광역사업 등 당해 자치단체가 시행하여야 할 자본 형성적 사업을 공기관에 위임 또는 위탁, 대행하여 시행할 경우 부담하는 제반경비를 말함
14) 공사·공단자본전출금(404-01)이란 공사·공단에 대한 자본형성 또는 경제개발을 위하여 지급하는 전출금을 말함

자료출처 : 행정안전부, 2025년도 지방자치단체 예산편성 운영기준 및 기금운용계획 수립기준(2024. 7.)

목 차

2. 상수도시설 ··· 1

서울
서울특별시 ··································· 1

인천
인천광역시 ··································· 1

대전
대전광역시 ··································· 1

울산
울산광역시 ··································· 1

세종
세종특별자치시 ······························ 1

경기
수원특례시 ··································· 1
성남시 ··· 2
의정부시 ······································ 2
안양시 ··· 2
평택시 ··· 2
동두천시 ······································ 2
안산시 ··· 2
고양특례시 ··································· 2
과천시 ··· 2
구리시 ··· 2
오산시 ··· 2
시흥시 ··· 2
군포시 ··· 2
의왕시 ··· 2
용인특례시 ··································· 2
하남시 ··· 2
파주시 ··· 2
이천시 ··· 3
김포시 ··· 3
광주시 ··· 3
양주시 ··· 3
포천시 ··· 3
여주시 ··· 3
양평군 ··· 3

강원
춘천시 ··· 3
동해시 ··· 3
태백시 ··· 3
속초시 ··· 4
횡성군 ··· 4
영월군 ··· 4
평창군 ··· 4
철원군 ··· 4
정선군 ··· 4
화천군 ··· 4
양구군 ··· 4
인제군 ··· 4
고성군 ··· 4
양양군 ··· 4

목 차

충북

청주시 …………………………………………… 5
충주시 …………………………………………… 5
보은군 …………………………………………… 5
옥천군 …………………………………………… 5
영동군 …………………………………………… 5
증평군 …………………………………………… 5
진천군 …………………………………………… 5
괴산군 …………………………………………… 5
음성군 …………………………………………… 5

충남

천안시 …………………………………………… 5
공주시 …………………………………………… 5
당진시 …………………………………………… 6
보령시 …………………………………………… 6
논산시 …………………………………………… 6
계룡시 …………………………………………… 6
금산군 …………………………………………… 6
부여군 …………………………………………… 6
서천군 …………………………………………… 6
홍성군 …………………………………………… 6

전북

전주시 …………………………………………… 6
군산시 …………………………………………… 6
익산시 …………………………………………… 6
정읍시 …………………………………………… 7
남원시 …………………………………………… 7
완주군 …………………………………………… 7
진안군 …………………………………………… 7
무주군 …………………………………………… 7
장수군 …………………………………………… 7

임실군 …………………………………………… 7
순창군 …………………………………………… 7
고창군 …………………………………………… 7
부안군 …………………………………………… 7

전남

목포시 …………………………………………… 7
여수시 …………………………………………… 7
순천시 …………………………………………… 7
나주시 …………………………………………… 7
담양군 …………………………………………… 7
곡성군 …………………………………………… 7
구례군 …………………………………………… 8
고흥군 …………………………………………… 8
보성군 …………………………………………… 8
화순군 …………………………………………… 8
해남군 …………………………………………… 8
영암군 …………………………………………… 8
함평군 …………………………………………… 8
장성군 …………………………………………… 8
완도군 …………………………………………… 8
진도군 …………………………………………… 9

경북

포항시 …………………………………………… 9
경주시 …………………………………………… 9
김천시 …………………………………………… 9
안동시 …………………………………………… 10
구미시 …………………………………………… 10
영주시 …………………………………………… 10
영천시 …………………………………………… 10
상주시 …………………………………………… 10
문경시 …………………………………………… 10

목 차

경산시 ······················10
청송군 ······················10
영양군 ······················11
청도군 ······················11
고령군 ······················11
성주군 ······················11
칠곡군 ······················11
예천군 ······················11
봉화군 ······················11
울진군 ······················11

경남

창원특례시 ··················11
진주시 ······················12
통영시 ······················12
사천시 ······················12
김해시 ······················12
밀양시 ······················12
양산시 ······················12
의령군 ······················12
함안군 ······················12
고성군 ······················12
남해군 ······················13
하동군 ······················13
산청군 ······················13
거창군 ······················13
합천군 ······················14

제주

제주특별자치도 ··············14

2025년 지방상수도시설 운영현황 조사

순번	시군구	시설종류 1.취수시설 2.정수시설 3.관로 4.기타( )	시설명	시설용량 (시설용량 ㎥/일)	관로연장 (관로연장은 km 단위)	상수도시설 운영주체 1.직영 2.공사공단 3.민간기업 4.기타 •민간시 중복 기입	운영인원 (합계,명)	운영비용 (단위:천원 /1년간) •직영시 운영예산 기입	예산편성 비목 1.민간위탁금(307-05) 2.공기관등에 대한 경상적 위탁사업비(308-13) 3.민간위탁사업비(402-03) 4.직영 5.기타(비목명 기입)	운영예산 산정 방법 1.지자체 자체 산정 2.전문 기관에 의뢰 3.기타( ) 4.해당없음 •직영시 미기입	계약체결방법 (경쟁형태) 1.일반경쟁 2.제한경쟁 3.지명경쟁 4.수의계약 5.방침운영 6.기타( ) 7.해당없음	계약기간 1.1년 2.2년 3.3년 4.4년 5.5년 6.기타 (1년 7.해당없음	낙찰자선정방법 (수의계약 시 해당없음) 1.기술가격동시입찰 2.적격심사 3.협상에의한계약 4.최저가낙찰제 5.규가격제한 6.2단계 경쟁입찰 7.기타( ) 8.해당없음	성과평가 실시 여부 1.실시 2.미실시 3.향후 추진 4.해당없음	성과평가 주기 1.매년 2.격년 3.기타( ) 4.해당없음	성과평가 실시 방법 1.지자체 자체평가 2.상하수도 협회 의뢰 3.기타( ) 4.해당없음	평가기준 적용방법 1.환경부 지침 적용 2.환경부 지침 +지역의견 반영 3.전문 평가기관 의뢰 4.기타( ) 5.해당없음	실제 인센티브 및 패널티 적용 유무 1.매년 적용 2.격년 적용 3.기타( ) 4.해당없음	인센티브 및 패널티 적용근거 1.조례 2.계약서 3.지침 4.기타( ) 5.해당없음
1	서울특별시	2	광암아리수정수센터	400		1	47	7,595,648	4	4	7	7	8	4	4	4	5	4	5
2	서울특별시	2	구의아리수정수센터	500		1	62	12,508,583	4	4	7	7	8	4	4	4	5	4	5
3	서울특별시	2	뚝도아리수정수센터	700		1	79	23,609,220	4	4	7	7	8	4	4	4	5	4	5
4	서울특별시	2	영등포아리수정수센터	600		1	73	31,911,308	4	4	7	7	8	4	4	4	5	4	5
5	서울특별시	2	암사아리수정수센터	1,600		1	86	53,216,588	4	4	7	7	8	4	4	4	5	4	5
6	서울특별시	2	강북아리수정수센터	1,000		1	86	47,990,222	4	4	7	7	8	4	4	4	5	4	5
7	인천광역시	1	취수장	700,000		1	740		4	4	7	7	8	4	4	4	5	4	5
8	인천광역시	1	취수펌프장	800		1	740		4	4	7	7	8	4	4	4	5	4	5
9	인천광역시	1	취수장	2,980		1	740		4	4	7	7	8	4	4	4	5	4	5
10	인천광역시	1	취수장	1,380		1	740		4	4	7	7	8	4	4	4	5	4	5
11	인천광역시	2	정수장	375,000		1	740	398,074,733	4	4	7	7	8	4	4	4	5	4	5
12	인천광역시	2	정수장	542,000		1	740		4	4	7	7	8	4	4	4	5	4	5
13	인천광역시	2	정수장	413,000		1	740		4	4	7	7	8	4	4	4	5	4	5
14	인천광역시	2	정수장	623,000		1	740		4	4	7	7	8	4	4	4	5	4	5
15	인천광역시	2	가압장	800		1	740		4	4	7	7	8	4	4	4	5	4	5
16	인천광역시	2	가압장	2,980		1	740		4	4	7	7	8	4	4	4	5	4	5
17	인천광역시	2	가압장	1,300		1	740		4	4	7	7	8	4	4	4	5	4	5
18	인천광역시	3	상수관망(송배급수관)	7,468		1	50	8,247,469	4	4	7	7	8	4	4	4	5	4	5
19	대전광역시	2	정수장	1,030,000		1	450		4	4	7	7	8	4	4	4	5	4	5
20	대전광역시	2	정수장	350,000		1	450		4	4	7	7	8	4	4	4	5	4	5
21	대전광역시	2	정수장	300,000		1	450	159,000,000	4	4	7	7	8	4	4	4	5	4	5
22	대전광역시	2	정수장	600,000		1	450		4	4	7	7	8	4	4	4	5	4	5
23	대전광역시	2	정수장(신탄진)	300,000		1	450		4	4	7	7	8	4	4	4	5	4	5
24	대전광역시	3	급수탑	150,000		1	450		4	4	7	7	8	4	4	4	5	4	5
25	대전광역시	3	상수관로(송배관)	3,998		1	306		4	4	7	7	8	4	4	4	5	4	5
26	울산광역시	1	취수장	21,530		1	306		4	4	7	7	8	4	4	4	5	4	5
27	울산광역시	2	정수장	270,000		1	306		4	4	7	7	8	4	4	4	5	4	5
28	울산광역시	2	정수장	280,000		1	306	121,805,489	4	4	7	7	8	4	4	4	5	4	5
29	울산광역시	3	관로(300mm이상)		483	1	306		4	4	7	7	8	4	4	4	5	4	5
30	울산광역시	3	관로(300mm미만)		3,291	1	306		4	4	7	7	8	4	4	4	5	4	5
31	세종특별자치시	3	정수장(관망)	1,397		1	2	2,014,000	4	4	7	7	8	4	4	4	5	4	5
32	수원특례시	1	정수가압장	50,000		1	46		4	4	7	7	8	4	4	4	5	4	5
33	수원특례시	2	정수가압장	50,000		1	46	61,957,235	4	4	7	7	8	4	4	4	5	4	5
34	수원특례시	1	정수가압장	50,000		1	20		4	4	7	7	8	4	4	4	5	4	5

순번	시군구	시설의 종류 1.취수시설 2.정수시설 3.관로 4.기타( )	시설명	시설용량 (시설용량 ㎥/일)	관로연장 (관로연장은 km 단위)	상수도시설 운영주체 1.직영 2.공사, 공단 3.민간기업 4.기타 *운영시 중복 가입	운영인원 합계 (명)	운영비용 (단위:천원) /1년간 *직영시 운영담당 일	예산편성 비목 1.인건비금 (307-05) 2.공기관등에 대한 경상적 위탁사업비 (308-13) 3.민간위탁금비(402-03) 4.직영 5.기타 (비목명 기입)	운영예산 산정 방법 1.지자체 자체 산정 2.전문 기관에 의뢰 3.기타( ) 4.해당없음 *직영시 미기입	계약방식 계약결정방법 (경쟁등) 1.일반경쟁 2.제한경쟁 3.지명경쟁 4.수의계약 5.법정계약 6.기타( ) 7.해당없음	계약기간 1.1년 2.2년 3.3년 4.4년 5.5년 6.기타 ( )년 7.해당없음	낙찰자선정방법 (수의계약 시 해당없음) 1.기술가격병합입찰 2.적격심사 3.협의에의한계약 4.최저가계약 5.규격가계약 6.단계 경쟁입찰 7.기타 ( ) 8.해당없음	성과평가 실시 여부 1.실시 2.미실시 3.향후 추진 4.해당없음	성과평가 주기 1.매년 2.격년 3.기타 ( ) 4.해당없음	성과평가 실시 방법 1.지자체 자체평가 2.상하수도 협회 의뢰 3.기타 ( ) 4.해당없음	평가기준 적용방법 1.환경부 지침 적용 2.환경부 지침+지역여건반영 3.전문평가기관 의뢰 4.기타 ( ) 5.해당없음	실제 인센티브 및 페널티 적용 유무 1.예(적용) 2.정화 인정 3.기타 ( ) 4.해당없음	평가결과 적용 인센티브 및 페널티 적용근거 1.조례 2.계약서 3.지침 4.기타 ( ) 5.해당없음
35	수원특례시	2	파장정수장	50,000	-	1	20		4	4	7	7	8	4	4	4	5	4	5
36	수원특례시	3	상수관로	-	1,662	1	33	19,266,450	4	4	7	7	8	4	4	4	5	4	5
37	경기 성남시	3	상수관망	1,501	-	1	16	20,-99,990	4	4	7	7	8	4	4	4	5	4	5
38	경기 의정부시	2	들복저수지	10,000	-	1	3	19,377	4	4	7	7	8	4	4	4	5	4	5
39	경기 의정부시	2	기동정수장	8,000	-	1	3	452,605	5	4	7	7	8	4	4	4	5	4	5
40	경기 의정부시	3	상수관망	921	-	1	17	530,820	4	1	2	3	2	3	3	1	1	3	4
41	경기 안양시	2	청계합정수장	182,000	-	1	29	13,385,296	4	4	7	7	8	4	4	4	5	4	5
42	경기 안양시	2	포돌정수장	150,000	-	1	17	15,028,134	4	4	7	7	8	4	4	4	5	4	5
43	경기 안양시	3	상수관망	686	-	1	22	13,569,992	4	4	7	7	8	4	4	4	5	4	5
44	경기 부천시	3	상수관로	1,367	-	1	27	25,670,000	4	4	7	7	8	4	4	4	5	4	5
45	경기 평택시	3	상수관망	389	-	1	20	5,100,000	5	4	7	7	8	4	4	4	5	4	5
46	경기 평택시	1	유천취수시설	15,000	-	1	10	2,561,000	4	4	7	7	8	4	4	4	5	4	5
47	경기 평택시	2	유천정수시설	15,000	-	1	10	2,561,000	4	4	7	7	8	4	4	4	5	4	5
48	경기 평택시	3	상수관망	3,022	-	1	14	1,500,000	4	4	7	7	8	4	4	4	5	4	5
49	경기 동두천시	2	봉두리 정수장	60,000	-	2	48	14,500,000	1	3	7	6	8	1	1	3	3	2	5
50	경기 안산시	2	안산정수장	143,000	-	1	45	40,304,097	4	4	7	7	8	4	4	4	5	4	5
51	경기 안산시	3	상수관망	1,667	-	1	30	28,634,135	4	4	7	7	8	4	4	4	5	4	5
52	경기 고양특례시	4	배수지	270,180	-	1	11	1,485,500	4	4	7	7	8	4	4	4	5	4	5
53	경기 고양특례시	3	관로	-	2,071	1	10	3,990,000	4	4	7	7	8	4	4	4	5	4	5
54	경기도 과천시	2	원순물사업소	50,000	-	1	18	2,012,028	4	4	7	7	8	4	4	4	5	4	5
55	경기 구리시	1	토평취수장	84,000	-	1	13	781,286	4	4	7	7	8	4	4	4	5	4	5
56	경기 구리시	2	토평정수장	30,000	-	1	13	8,184,399	4	4	7	7	8	4	4	4	5	4	5
57	경기 구리시	3	상수관망	339	-	1	10	5,916,763	4	4	7	7	8	4	4	4	5	4	5
58	경기 오산시	3	상수관망	393	-	1	25	38,515,281	4	4	7	7	8	4	4	4	5	4	5
59	경기 시흥시	3	송수관	49	-	1	45	85,993,537	4	4	7	7	8	4	4	4	5	4	5
60	경기 시흥시	3	배수관	747	-	1	45	85,993,537	4	4	7	7	8	4	4	4	5	4	5
61	경기 시흥시	3	급수관	334	-	1	45	85,993,537	4	4	7	7	8	4	4	4	5	4	5
62	경기 군포시	2	군포정수장	110,000	-	1	37	20,169,714	4	4	7	7	8	4	4	4	5	4	5
63	경기 군포시	3	도송배급수관	301	-	1	37	20,169,714	4	4	7	7	8	4	4	4	5	4	5
64	경기 의왕시	3	상수관망	169	-	1	3	113,500	4	4	7	7	8	4	4	4	5	4	5
65	경기 의왕시	2	청계정수장	38,000	-	1	9	7,784,111	4	4	7	7	8	4	4	4	5	4	5
66	용인특례시	3	배수관	1,891	-	1	1	32,920	4	4	7	7	8	4	4	4	5	4	5
67	용인특례시	3	급수관	660	-	1	5	189,669	4	4	7	7	8	4	4	4	5	4	5
68	용인특례시	2	정수시설	100,000	-	1	12	894,979	4	4	7	7	8	4	4	4	5	4	5
69	경기도 하남시	1	취수시설	77,000	-	1	2	1,260,000	4	4	7	7	8	4	4	4	5	4	5
70	경기 하남시	2	정수시설	70,000	-	1	14	6,169,924	4	4	7	7	8	4	4	4	5	4	5
71	경기도 하남시	3	관로	448	-	1	7	4,385,330	4	4	7	7	8	4	4	4	5	4	5
72	경기 파주시	1,2,3,4	금파취수장, 문산정수장, 경수관로, 배수지(9)	96,000	2,630	2	65	28,686,210	1	2	5	6	8	1	1,2	3	1,4	4	5

- 2 -

순번	시군구	시설의 종류 1.취수시설 2.정수시설 3.관로 4.기타( )	시설명	시설용량 (㎥/일)	관로연장 (관로연장은 km 단위)	상수도시설 운영주체 1.직영 2.공사.공단 3.민간기업 4.기타 ·운영시 중복 가입	운영인원 합계(명)	운영비용 (단위: 천원 /1년) ·직영시 운영예산 기입 ·기타	예산편성 비목 1.민간위탁금(307-05) 2.공기관등에 대한 경상적 위탁사업비(308-13) 3.민간위탁사업비(402-03) 4.직영 5.기타 (예:축용 기입)	운영자산 선정 방법 1.지자체 자체 선정 2.전문 기관에 의뢰 3.기타( ) 4.해당없음 ·직영시 미가입	계약방식 계약결정방법 1.일반경쟁 2.제한경쟁 3.지명경쟁 4.수의계약 5.발청예복 6.기타( ) 7.해당없음	계약기간 1.1년 2.2년 3.3년 4.4년 5.5년 6.기타( )년 7.해당없음	낙찰자선정방법 (수의계약시 해당없음) 1.기술가격제안입찰 2.적격심사 3.협상에의한계약 4.최저가낙찰제 5.규격가격분리 6.2단계경쟁입찰 7.기타( ) 8.해당없음	관리행 성과평가 관련 성과평가 실시 여부 1.실시 2.미실시 3.향후 추진 4.해당없음	성과평가 주기 1.매년 2.격년 3.기타( ) 4.해당없음	성과평가 실시 방법 1.자체평가 2.지자체 자체평가 3.상수도 협회 의뢰 4.기타 5.해당없음	평가기준 적용방법 1.환경부 지침 적용 2.환경부 지침 +지역여건반영 3.전문 평가기준 의뢰 4.기타( ) 5.해당없음	실적 인센티브 및 페널티 적용 유무 1.매년 적용 2.적용 안함 3.기타( ) 4.해당없음	평가결과 적용 1.초과 2.계약서 3.지침 4.기타( ) 5.해당없음
73	경기도 이천시	2	이천정수장	60,000	-	1	8	6,483,664	4	4	7	7	8	4	4	4	5	4	5
74	경기도 이천시	1	취수장	66,000	-	1	1	3,281,992	4	4	7	7	8	4	4	4	5	4	5
75	경기도 이천시	3	상수관망	2,521	-	1	4	1,680,000	4	4	7	7	8	4	4	4	5	4	5
76	경기 김포시	2	고촌정수장	223,000	-	1	29	26,719,321	4	4	7	7	8	4	4	4	5	4	5
77	경기 김포시	3	관로	1,742	-	1	5	7,735,387	4	4	7	7	8	4	4	4	5	4	5
78	경기 광주시	1	광주동부통합취수장	330,000	-	2	60		2	2	6	6	7	1	1	1	2	4	5
79	경기 광주시	2	광주제1,2,3정수장	164,000	-	2	60	15,937,487	2	2	6	6	8	1	1	1	2	4	5
80	경기 광주시	3	상수관로		-	2	60		2	2	6	6	7	1	1	1	2	4	5
81	경기 광주시	1	광백취수장	5,500	-	2	20		2	3	5	6	8	3	2	3	4	4	5
82	경기 광주시	4	가압장 51개소	139,049	-	2	20	7,925,054	2	3	5	6	8	3	2	3	4	4	5
83	경기 광주시	3	상수관로	1,190	-	2	20		2	3	5	6	8	3	2	3	4	4	5
84	경기 광주시	4	배수지 9개소	96,300	-	2	20		2	3	5	6	7	3	2	3	4	4	5
85	경기 포천시	2	관인정수장	1,700	-	1	1	70,000	4	4	7	7	8	4	4	4	5	4	5
86	경기 포천시	2	이동정수장	1,500	-	1	1	70,000	4	4	7	7	8	4	4	4	5	4	5
87	경기 여주시	1	여주취수장	65,000	-	1	17	1,955,802	4	4	7	7	8	4	4	4	5	4	5
88	경기 여주시	2	여주정수장	68,500	-	1	17	1,955,802	4	4	7	7	8	4	4	4	5	4	5
89	경기 양평군	1	양평통합취수장	26,000	-	1	50		4	4	7	7	8	4	4	4	5	4	5
90	경기 양평군	2	양평통합정수장	26,000	-	1	50	14,690,486	4	4	7	7	8	4	4	4	5	4	5
91	경기 양평군	2	양서정수장	7,000	-	1	50		4	4	7	7	8	4	4	4	5	4	5
92	경기 양평군	2	양동정수장	7,000	-	1	50		4	4	7	7	8	4	4	4	5	4	5
93	경기 양평군	2	용신정수장	1,000	-	1	50	7,445,528	4	4	7	7	8	4	4	4	5	4	5
94	경기 양평군	2	용문정수장	1,000	-	1	50		4	4	7	7	8	4	4	4	5	4	5
95	경기 양평군	2	신원정수장	11,000	-	1	8		4	4	7	7	8	4	4	4	5	4	5
96	경기 양평군	2	신원정수장	884	-	1	8	2,560,963	4	4	7	7	8	4	4	4	5	4	5
97	경기 양평군	3	상수관망	245,000	-	1	8		4	4	7	7	8	4	4	4	5	4	5
98	강원 춘천시	1	소양취수장	133,000	-	1	4		4	4	7	7	8	4	4	4	5	4	5
99	강원 춘천시	2	소양정수장	58,300	-	1	11		4	4	7	7	8	4	4	4	5	4	5
100	강원 춘천시	1	용신취수장	53,000	-	1	9		4	4	7	7	8	4	4	4	5	4	5
101	강원 춘천시	2	용신정수장	40,000	-	1	9	217,408	4	4	7	7	8	4	4	4	5	4	5
102	강원 동해시	1	새울취수장	15,000	-	1	8		4	4	7	7	8	4	4	4	5	4	5
103	강원 동해시	2	북계정수장	20,000	-	1	8		4	4	7	7	8	4	4	4	5	4	5
104	강원 동해시	1	이원취수장	40,000	-	1	8		4	4	7	7	8	4	4	4	5	4	5
105	강원 동해시	2	새울정수장	15,000	-	1	8		4	4	7	7	8	4	4	4	5	4	5
106	강원 동해시	2	북계취수장	20,000	-	1	8		4	4	7	7	8	4	4	4	5	4	5
107	강원 동해시	2	이원정수장		-	1	8		4	4	7	7	8	4	4	4	5	4	5
108	강원 태백시	1,2	철암하수처리시설	3,000	-	2		5,538,267	5	3	6	6	3	1	2	3	2	1	2
109	강원 태백시	1,2	안동하수처리시설	2,000	-	2			5	3	6	6	3	1	2	3	2	1	2
110	강원 태백시	3	상수관로	456	-	2	22		3	3	6	6	3			3		1	2

- 3 -

순번	시군구	시설의 종류 1.취수시설 2.정수시설 3.관로 4.기타( )	시설명	시설용량 (시설용량 비(톤/일))	관로연장 (관로연장은 km 단위)	상수도시설 운영주체 1.직영 2.공사,공단 3.민간기업 4.기타 *운영시 중복 기입	운영인원 합계 (명)	운영비용 (단위:천원/1년간) *직영시 운영예산 기입	예산편성 비목 1.인건비급 (307-05) 2.공기관등에 대한 경상적 위탁사업비 (308-13) 3.민간위탁사업비(402-03) 4.직영 5.기타 (미복통 기입)	운영예산 신청 방법 1.지자체 자체 산정 2.전문 기관에 의뢰 3.기타 ( ) 4.해당없음 *직영시 미가입	계약방식 계약결정방식 1.일반경쟁 2.제한경쟁 3.지명경쟁 4.수의계약 5.협력계약 6.기타 7.해당없음	계약기간 1.1년 2.2년 3.3년 4.4년 5.5년 6.기타 (1년) 7.해당없음	낙찰자선정방법 (수의계약 시 해당없음) 1.기술가격입찰 2.적격심사 3.협상에의한계약 4.최저가낙찰제 5.규격가격분리 6.2단계 경쟁입찰 7.기타 ( ) 8.해당없음	성과평가 실시 여부 1.실시 2.미실시 3.향후 추진 4.해당없음	성과평가 주기 1.매년 2.격년 3.기타 ( ) 4.해당없음	성과평가 실시 방법 1.자체평가 2.지자체 자체평가 3.상하수도 협회 의뢰 3.기타 ( ) 4.해당없음	평가기준 적용방법 1.환경부 지침 적용 2.환경부 지침 +지역여건반영 3.전문 평가기관 의뢰 4.기타 ( ) 5.해당없음	실제 인센티브 및 페널티 적용 유무 1.벌칙 적용 2.미적용 3.기타 ( ) 4.해당없음	평가결과 적용 인센티브 및 페널티 적용근거 1.조례 2.계약서 3.지침 4.기타 ( ) 5.해당없음
111	강원 태백시	4	기타(예수지)	10,784	-	2			5	3	6	6	3	1	2	3	2	1	2
112	강원 태백시	3	상수관망	2	-	1		500,000	4	4	7	7	8	4	4	4	5	4	5
113	강원 태백시	3	소규모 및 마을상수도	250	-	1		200,000	4	4	7	7	8	4	4	4	5	4	5
114	강원 속초시	1	속초취수시설	53,000	-	1	44		4	4	7	7	8	4	4	4	5	4	5
115	강원 속초시	2	속초정수시설	52,000	-	1	44	1,225,200	4	4	7	7	8	4	4	4	5	4	5
116	강원 속초시	3	상수관망	531	-	1	44		5	4	7	7	8	4	4	4	5	4	5
117	강원 홍천군	3	상수관망	1,487	-	1	15	260,627	5	4	7	7	8	4	4	4	5	4	5
118	강원 홍천군	3	상수관망	1,487	-	1	15	1,536,660	5	4	7	7	8	4	4	4	5	4	5
119	강원 홍천군	3	상수관망	1,487	-	1	15	26,648,600	5	4	7	7	8	4	4	4	5	4	5
120	강원 홍천군	3	상수관망	1,487	-	1	15	22,000	5	4	7	7	8	4	4	4	5	4	5
121	강원 홍천군	3	산동정수시설	2,000	-	2	27		2	2	6	6	8	1	1	1	2	1	2
122	강원 홍천군	3	청풍정수시설	1,000	-	2	27	708,000	2	2	7	7	8	1	3	1	1	1	2
123	강원 홍천군	3	연봉정수시설	13,500	-	2	27		2	2	7	7	8	1	3	1	1	1	2
124	강원 홍천군	3	주전정수시설	1,200	-	2	27		2	2	7	7	8	1	3	1	1	1	2
125	강원 홍천군	2	하동정수시설	900	-	2	27		2	2	7	7	8	4	4	4	5	2	5
126	강원 홍천군	1	취수시설	48,870	-	2	34	11,668,776	4	4	5	6	8	4	4	4	5	4	5
127	강원 홍천군	2	정수시설	38,900	-	2	34		4	4	5	6	8	4	4	4	5	4	5
128	강원 홍천군	3	관로	928	-	2	34		4	4	5	6	8	4	4	4	5	4	5
130	강원 정선군	4	광역용수공동취수장	23,900	-	1	-	1,948,823	4	4	7	7	8	4	4	4	5	4	5
129	강원 정선군	3	덕송용정수장 등	5,200	-	1	29	7,760,259	2	4	7	7	8	4	4	4	5	4	5
131	강원 정선군	3	상수관로	493	-	1	6	1,398,000	4	4	6	6	8	4	4	4	5	4	5
132	강원 화천군	2	화천정수장	5,000	-	1	10	1,542,000	4	4	7	7	8	4	4	4	5	4	5
133	강원 화천군	2	산양정수장	800	-	1	4		4	4	7	7	8	4	4	4	5	4	5
134	강원 화천군	2	사창정수장	3,000	-	1	4		4	4	7	7	8	4	4	4	5	4	5
135	강원 화천군	3	양구 정수장	6,192	-	1	6	2,374,690	4	4	7	7	8	4	4	4	5	4	5
136	강원 양구군	2	양구 정수장	2,500	-	1	6		4	4	7	7	8	4	4	4	5	4	5
137	강원 양구군	3	식수전용저수지	17,000	-	1	12		4	4	7	7	8	4	4	4	5	4	5
138	강원 양구군	2	정수장 운영	4,000	-	1	12	1,894,000	4	4	7	7	8	4	4	4	5	4	5
139	강원 인제군	2	방산정수장	3,000	-	1	2		4	4	7	7	2	4	4	4	4	4	5
140	강원 인제군	2	방산관망	1,900	8	1	2		5	1	2	1	8	4	4	4	4	4	5
141	강원 인제군	3	사회립도통합정수장	6,000	-	1	13	3,225,090	4	4	2	1	2	4	4	4	4	4	5
142	강원 인제군	2	북천취수장	35,000	-	1	7	72,000	5	4	4	1	4	4	4	4	5	4	5
143	강원 고성군	2	통일정수장	25,500	-	1	7	575,000	4	4	7	7	8	4	4	4	5	4	5
145	강원 고성군	3	상수관망	665	-	3	4	430,890	4	4	7	7	8	4	4	4	5	4	5
146	강원 고성군	3	상수관망	665	-	3	4	65,000	5	4	7	7	8	4	4	4	5	4	5
147	강원 고성군	3	상수관망	665	-	3	2	38,500	4	4	7	7	8	4	4	4	5	4	5
148	강원 양양군	3	양양정수장 2	29,500	-	1	4	1,085,000	4	1	7	7	8	4	4	4	5	4	5

- 4 -

순번	시군구	시설의 종류 1.취수시설 2.정수시설 3.관로 4.기타( )	시설명	시설용량 (시설용량 ㎥(톤)/일)	관로연장 (관로연장은 km 단위)	상수도시설 운영주체 1.직영 2.공사,공단 3.민간기업 4.기타 •운영시 중복 가입	운영인원 합계 (명)	운영비용 (단위:천원/1년) •직영시 운영예산 기입	예산편성 내역 1.민간위탁금(307-05) 2.공기관에 대한 경상적 위탁사업비(308-13) 3.민간위탁사업비(402-03) 4.직영 5.기타(비예총 기입)	운영예산 선정 산정 방법 1.지자체 자체 산정 2.전문 기관에 의뢰 3.기타( ) 4.해당없음 •직영시 미기입	계약방식		낙찰자선정방법 (수의계약 시 해당없음) 1.기술가격분리입찰 2.적격심사 3.협상에 의한계약 4.최저가낙찰 5.규격가격분리 6.2단계경쟁입찰 7.기타( ) 8.해당없음	관리대행 성과평가 관련				평가결과 적용	
											계약결정방식 (경쟁형태) 1.일반경쟁 2.제한경쟁 3.지명경쟁 4.수의계약 5.법정위탁 6.기타( ) 7.해당없음	계약기간 1.1년 2.2년 3.3년 4.4년 5.5년 6.기타( )년 7.해당없음		성과평가 실시 여부 1.실시 2.미실시 3.향후 추진 4.해당없음	성과평가 주기 1.매년 2.2년 3.기타( ) 4.해당없음	성과평가 실시 방법 1.지자체 자체평가 2.상·하수도 협회 의뢰 3.기타( ) 4.해당없음	평가기관 채용방법 1.환경부 지침 적용 2.환경부 지침 3.전문 평가기관 의뢰 4.기타 5.해당없음	실제 인센티브 및 페널티 적용 유무 1.예산 증액 2.채용 연장 3.기타( ) 4.해당없음	인센티브 및 페널티 적용근거 1.조례 2.계약서 3.지침 4.기타( ) 5.해당없음
149	강원 양양군	3	상수관망	540		4 (금호시대행)	7	2,082,000	4	1	1	1	2	4	4	4	4	4	4
150	충북 청주시	1	지방상수도	114,000		2	2	263,512	2	1	5	3	8	4	4	4	5	4	5
151	충북 청주시	1	미원취수장	1,000		1	7	31,150	4	4	7	7	8	4	4	4	5	4	5
152	충북 청주시	1	북이취수장	600		1	7	31,150	4	4	7	7	8	4	4	4	5	4	5
153	충북 청주시	2	지북정수장	125,000		1	20	6,010,817	4	4	7	7	8	4	4	4	5	4	5
154	충북 청주시	2	미원정수장	1,000		1	20		4	4	7	7	8	4	4	4	5	4	5
155	충북 청주시	2	북이정수장	600		1	20		4	4	7	7	8	4	4	4	5	4	5
156	충북 청주시	2	정수장 원뎃	55,000		1	33	48,175,000	4	4	7	7	8	4	4	4	5	4	5
157	충북 청주시	3	관로		1,792	1	33		4	4	1	3	2	4	4	4	5	4	5
158	충북 보은군	3	상수관망	405		1,3	5	1,243,200	5	3	7	7	8	4	4	4	4	4	5
159	충북 보은군	1	취수장	12,000		1	7	920,800	5	4	7	7	8	4	4	4	5	4	5
160	충북 보은군	2	정수장	12,000		1	7		5	4	7	7	8	4	4	4	5	4	5
161	충북 보은군	2	내북재 산수장	1,500		1	7		5	4	7	7	8	4	4	4	5	4	5
162	충북 영동군	1	취수시설	2,360		1	10	1,700,000	4	1	7	7	8	4	4	4	4	4	5
163	충북 영동군	2	정수시설	31,075		1	10		4	1	7	7	8	4	4	4	5	4	5
164	충북 영동군	2	정수장	28,250		1	10	1,400,000	4	4	7	7	8	4	4	4	5	4	5
165	충북 영동군	3	상수관로	700		1	8	596,722	4	4	7	7	8	4	4	4	5	4	5
166	충북 영동군	2	관리용수	22,500		1	10		4	4	7	7	8	4	4	4	5	4	5
167	충북 영동군	3	군중상수도	4,500		1	10		4	4	7	7	8	4	4	4	5	4	5
168	충북 영동군	3	상수관망	882		1	8	700,000	4	4	7	7	8	4	4	4	4	4	5
169	충북 영동군	2	정수시설	310		1	8	5,794,520	4	4	7	7	8	4	4	4	5	4	5
170	충북 영동군	3	배수관망 예당공사	700		1	2	50,000	4	4	7	7	8	4	4	4	5	4	5
171	충북 진천군	3	상수도 배수관로 예당공사		3	1	1	1,000,000	4	4	4	3	7	4	4	4	4	4	5
172	충북 진천군	3	상수도 배수관로 예당공사		17	1	1	2,800,000	5	4	4	3	7	4	4	4	5	4	5
173	충북 괴산군	1,2,3	정천정수시설	10,000	40	3	4	50,000	4	1	4	3	8	4	4	4	5	4	5
174	충북 괴산군	1,2,3	정천정수시설	10,000	40	3	5	50,000	4	1	4	3	8	4	4	4	5	4	5
175	충북 괴산군	1,2,3	정천정수시설	10,000	40	3	5	50,000	4	1	4	3	8	4	4	4	5	4	5
176	충북 괴산군	1,2,3	정천정수시설	10,000	40	3	5	50,000	4	1	4	3	8	4	4	4	5	4	5
177	충북 괴산군	1,2,3	정천정수시설	10,000	40	3	4	50,000	4	1	4	3	8	4	4	4	5	4	5
178	충북 괴산군	1,2,3	정천정수시설	10,000	40	3	3	50,000	5	1	4	3	8	4	4	4	5	4	5
179	충북 영동군	3	상수관망	1,087		1	6	1,466,130	5	1	1	5	7	4	4	4	5	4	5
180	충북 진천군	1	취수시설	37,000		1	10		4	4	7	7	8	4	4	4	5	4	5
181	충북 진천군	1	취수시설	5,300		1	10	648,761	4	4	7	7	8	4	4	4	5	4	5
182	충북 진천군	2	정수시설	25,000		1	10		4	4	7	7	8	4	4	4	5	4	5
183	충북 진천군	2	정수시설	5,000		1	8		4	4	7	7	8	4	4	4	5	4	5
184	충북 진천군	1	유구취수장	3,000		1	8		4	4	7	7	8	4	4	4	5	4	5
185	충북 진천군	2	유구정수장	2,500		1	8		4	4	7	7	8	4	4	4	5	4	5
186	충북 진천군	2	옥전정수장	28,000		1	8	26,800,000	4	4	7	7	8	4	4	4	5	4	5

순번	시도구	시설물 종류 (1.취수시설 2.정수시설 3.관로 4.기타())	시설명	시설용량 (시설용량 ㎥/일)	관로연장 (관로연장은 km 단위)	상수도시설 운영주체 (1.직영 2.공사,공단 3.민간기업 4.기타 *운용시 중복 기입)	운영인원 합계 (명)	운영비용 (단위:천원/1년간) *직영시 운영예산 기입	예산변성 비목 (1.인건비등 (307-05) 2.공기관등에 대한 경상적 위탁사업비 (308-13) 3.민간위탁사업비(402-03) 4.자체 5.기타 (비목록 기입)	운영예산 산정 방법 (1.지자체 자체 산정 2.전문 기관에 의뢰 3.기타() 4.해당없음 *작용시 미가입)	계약방식		계약기간	낙찰자선정방법 (수의계약 시 해당없음)	성과평가 실시 여부	관리대행 성과평가 관련			평가결과 적용	
											계약체결방법 (경쟁입찰) 1.일반입찰 2.제한경쟁 3.지명경쟁 4.수의계약 5.방침계약 6.기타() 7.해당없음	계약기간 1.1년 2.2년 3.3년 4.4년 5.5년 6.기타(1년 7.해당없음		1.기술가격협의입찰 2.적격심사 3.협상의향계약 4.최저가낙찰제 5.규격가격별도 6.2단계 경쟁입찰 7.기타() 8.해당없음	성과평가 1.실시 2.미실시 3.향후 추진 4.해당없음	성과평가 주기 1.매년 2.격년 3.기타() 4.해당없음	성과평가 실시 방법 1.지자체 자체평가 2.상·하수도 협회 의뢰 3.기타() 4.해당없음	평가기준 자체용방법 1.환경부 지침 작용 2.환경부 자침 - 지역여건반영 3.전문 평가기관 의뢰 4.기타() 5.해당없음	실제 인센티브 및 패널티 적용 여부 1.적용 2.적용 안함 3.기타 4.해당없음	인센티브 및 패널티 적용근거 1.조례 2.계약 3.지침 4.기타 5.해당없음
187	충남 공주시	3	유천수장	1,094	-	1	8				7	7	8	4	4	4	5	4	5
188	충남 공주시	1	장수아취급	2,400	-	1	4				7	7	8	4	4	4	5	4	5
189	충남 공주시	2	장수용정	1,800	-	1	4				7	7	8	4	4	4	5	4	5
190	충남 공주시	4	중흥정	6,400	-	1	4				7	7	8	4	4	4	5	4	5
191	충남 공주시	4	지승배수지	5,600	-	1	4				7	7	8	4	4	4	5	4	5
192	충남 공주시	4	주흥배수지	5,600	-	1	4				7	7	8	4	4	4	5	4	5
193	충남 공주시	4	대막배수지	6,600	-	1	4				7	7	8	4	4	4	5	4	5
194	충남 공주시	4	송학배수지	15,000	-	1	4				7	7	8	4	4	4	5	4	5
195	충남 공주시	4	석문배수지	14,900	-	1	4				7	7	8	4	4	4	5	4	5
196	충남 공주시	4	송산건도배수지	3,000	-	1	4				7	7	8	4	4	4	5	4	5
197	충남 공주시	4	부사관동배수지	100	-	1	4		436,600		7	7	8	4	4	4	5	4	5
198	충남 공주시	4	나자관광지배수지	400	-	1	4				7	7	8	4	4	4	5	4	5
199	충남 공주시	4	고대배수지	100	-	1	4				7	7	8	4	4	4	5	4	5
200	충남 공주시	4	가좌배수지	60	-	1	4				7	7	8	4	4	4	5	4	5
201	충남 공주시	4	축동1배수지	260	-	1	4				7	7	8	4	4	4	5	4	5
202	충남 공주시	4	축동2배수지	30	-	1	4				7	7	8	4	4	4	5	4	5
203	충남 공주시	4	성학배수지	30	-	1	4				7	7	8	4	4	4	5	4	5
204	충남 공주시	4	성회배수지	50	-	1	4				7	7	8	4	4	4	5	4	5
205	충남 공주시	4	전의배수지	20	-	1	4				7	7	8	4	4	4	5	4	5
206	충남 공주시	4	마정리배수지	160	-	1	4				7	7	8	4	4	4	5	4	5
207	충남 공주시	4	사기소리배수지	30	-	1	4				7	7	8	4	4	4	5	4	5
208	충남 공주시	1,2	정동주동장	13,000	-	1	11	2,176,442	4	4	5	6	7	4	4	4	2	1	2
209	충남 공주시	2	관복	-	1,437	1	12	1,000,000	4	4	7	7	8	4	4	3	1	4	5
210	충남 공주시	3	지방상수도 관망	-	1,557	1.2	5	7,355,166	2	1	4	6	7	1	1	1	5	4	5
211	충남 공주시	4	소규모수도시설	-	-	1,4	1	1,119,500	4	4	7	7	7	4	4	4	5	4	5
212	충남 계룡시	1	예정취수장	-	-	4			5		7	7	8	4	4	4	5	4	5
213	충남 계룡시	2	금암정수장	-	-	4			5		7	7	8	4	4	4	5	4	5
214	충남 계룡시	3	송수관로	15	-	1	10	11,945,868	4	4	7	7	8	4	4	4	5	4	5
215	충남 계룡시	3	배수관로	92	-	1			4		7	7	8	4	4	4	5	4	5
216	충남 계룡시	3	급수관로	39	-	1			4		7	7	8	4	4	4	5	4	5
217	충남 부여군	1,3,4	대전취수장, 관로, 가압시설, 배수지	27,700	-	2	21	6,178,117	2	1	5	6	8	1	1	3	1	1	2
218	충남 서천군	3	관로	1,321	-	1	17	89,472,311	4	4	7	7	8	4	4	4	5	4	5
219	충남 청양군	3	상수관로	992	-	1	7	5,000,000	4	4	7	7	8	4	4	4	5	4	5
220	충남 홍성군	3	상수관로	1,888	-	1	19	46,948,555	4	4	7	7	8	4	4	4	5	4	5
221	전북 전주시	3	송수관로	3,041	-	1	26	10,934,314	4	4	7	7	8	4	4	4	5	4	5
222	전북 전주시	3	송수관로	33	-	1	10	2,203,564	4	4	7	7	8	4	4	4	5	4	5
223	전북 군산시	3	상수관로	2,428	-	1	50	68,444,602	4	4	7	7	8	4	4	4	5	4	5
224	전북 익산시	3	상수관로	1,978	-	1	11	2,832,000	4	4	7	7	8	4	4	4	5	4	5

순번	시군구	시설종류 1.취수시설 2.정수시설 3.관로 4.기타( )	시설명	시설용량 (시설용량은 ㎥/일)	관로연장 (관로연장은 km 단위)	상수도시설 운영주체 1.직영 2.공사,공단 3.민간기업 4.기타 *공동사 출체 가입	운영인원 합계 (명)	운영비용 (단위:천원 /1년간) *직영시 운영예산 기입	예산편성 비목 1.민간위탁금(307-05) 2.공기관등에 대한 경상적 위탁사업비(308-13) 3.민간위탁사업비(402-03) 4.직영 5.기타 (비목명 기입)	운영회사 선정 방법 1.지자체 자체 선정 2.전문 기관에 의뢰 3.기타 ( ) 4.해당없음 *직영시 미가입	계약체결방법 (경영체결) 1.일반경쟁 2.제한경쟁 3.지명경쟁 4.수의계약 5.민형계약 6.기타 ( ) 7.해당없음	계약기간 1.1년 2.2년 3.3년 4.4년 5.5년 6.기타( )년 7.해당없음	낙찰자선정방법 (수의계약 시 해당없음) 1.기술가격분리입찰 2.적격심사 3.협상에의한계약 4.최저가낙찰제 5.규격가격리 6.2단계 경쟁입찰 7.기타( ) 8.해당없음	성과평가 실시 여부 1.실시 2.미실시 3.향후 추진 4.해당없음	성과평가 주기 1.매년 2.격년 3.기타( ) 4.해당없음	관리형별 성과평가 실시 방법 1.지자체 자체평가 2.상·하수도 협회 의뢰 3.기타 ( ) 4.해당없음	평가기준 채용방법 1.환경부 지침 적용 2.환경부 지침 -지역여건반영 3.전문 평가기관 의뢰 4.기타 ( ) 5.해당없음	실적 인센티브 및 페널티 적용 유무 1.확약 적용 2.적용 않음 3.기타 ( ) 4.해당없음	인센티브 및 페널티 적용근거 1.조례 2.계약서 3.지침 4.기타( ) 5.해당없음
225	전북 정읍시	3	상수관망	2,011	-	2	28	8,273,269	1	3	4	6	8	1	1	3	1	4	5
226	전북 정읍시	1	칠보취정수장	15,000	-	1	9	3,351,766	4	4	7	7	8	4	4	4	5	4	5
227	전북 완주군	3	상수관로 (송수 배수 급수)	1,216	-	1	7	1,220,950	4	4	7	7	8	4	4	4	5	4	5
228	전북 진안군	3	신정수장	1,500	-	1	4	50,000	5	4	7	7	8	4	4	4	5	4	5
229	전북 진안군	1	월평취수장	3,700	-	1	4	50,000	5	4	7	7	8	4	4	4	5	4	5
230	전북 진안군	1	성화취수장	1,500	-	1	4	50,000	5	4	7	7	8	4	4	4	5	4	5
231	전북 진안군	1	대흥취수장	750	-	1	4	50,000	5	4	7	7	8	4	4	4	5	4	5
232	전북 진안군	2	신정정수장	1,500	-	1	4	100,000	4	4	7	7	8	4	4	4	5	4	5
233	전북 진안군	2	월평정수장	3,700	-	1	4	100,000	4	4	7	7	8	4	4	4	5	4	5
234	전북 진안군	2	성화정수장	1,500	-	1	4	100,000	4	4	7	7	8	4	4	4	5	4	5
235	전북 진안군	2	대흥정수장	750	-	1	5	100,000	5	4	7	7	8	4	4	4	5	4	5
236	전북 진안군	3	상수관망	652	-	1	5	1,000,000	5	4	7	7	8	4	4	4	5	4	5
237	전북 무주군	2	무주정수장	6,000	-	1	4	426,154	4	1	7	7	8	4	4	4	5	4	5
238	전북 무주군	2	안성정수장	600	-	1	4	140,277	4	1	7	7	8	4	4	4	5	4	5
239	전북 무주군	2	설천정수장	4,000	-	1	4	210,179	4	1	7	7	8	4	4	4	5	4	5
240	전북 무주군	2	구천정수장	3,000	-	1	4	181,373	4	1	7	7	8	4	4	4	5	4	5
241	전북 무주군	2	안성정수장	3,500	-	1	7	218,243	4	4	7	7	8	4	4	4	5	4	5
242	전북 무주군	3	상수관망	419	-	1	11	3,028,000	4	4	7	7	8	4	4	4	5	4	5
243	전북 무주군	3	상수관로	488	-	1	8	660,508	4	4	7	7	8	4	4	4	5	4	5
244	전북 무주군	3	취수장시설	8,000	-	1	4	800,000	4	4	7	7	8	4	4	4	5	4	5
245	전북 무주군	2	정수장시설	2,000	-	1	6	400,000	4	4	7	7	8	4	4	4	5	4	5
246	전북 무주군	3	상수관망	937	-	1	21	1,500,000	4	4	7	7	8	4	4	4	5	4	5
247	전북 무주군	2	용담정수장	5,000	-	1	89	39,000,000	4	4	7	7	8	4	4	4	5	4	5
248	전북 순창군	2	복흥정수장	1,500	-	1	30	793,676	4	4	7	7	8	4	4	4	5	4	5
249	전북 순창군	3	상수관망	541	-	1	30	593,682	4	4	7	7	8	4	4	4	5	4	5
250	전북 고창군	4	취수시설	21,948	-	1	17	14,945,144	4	4	7	7	8	4	4	4	5	4	5
251	전북 부안군	1,2	취수장	2,800	-	1	5	301,888	4	4	7	3	8	2	4	4	5	4	5
252	전북 부안군	2	하도정수시설	120,000	-	1	18	5,674,010	5	4	7	7	8	4	4	4	5	4	5
253	전북 부안군	3	상수관망	913	-	1	21	7,521,733	4	4	7	7	8	4	4	4	5	4	5
254	전북 여수시	2	취수정수장	156,720	-	1	89	1,440,000	4	4	7	7	8	4	4	4	5	4	5
255	전북 순천시	2	복흥정수장	83,000	-	1	30		4	4	7	7	8	4	4	4	5	4	5
256	전북 순천시	2	순천정수장	64,000	-	1	30	8,269,000	4	4	7	7	8	4	4	4	5	4	5
257	전북 순천시	2	운용정수장	3,500	-	1	24	8,269,000	4	2	4	3	8	2	4	4	5	4	5
258	전북 순천시	1	취수장	72,200	-	2	6	420,000	2	4	4	7	8	4	4	4	5	4	5
259	전북 순천시	3	상수관망	1,833	-	1	3	1,566,654	5	4	7	7	8	4	4	4	5	4	5
260	전북 순천시	2	신계정수장	5,000	-	1	3	1,566,654	4	4	7	7	8	4	4	4	5	4	5
261	전북 순천시	2	운곡정수장	3,500	-	1	7	3,217,934	4	4	7	3	8	4	4	4	5	4	5
262	전북 순천시	3	광양군 상수도관망	790	-	1	7	3,217,934	4	4	7	3	8	4	4	4	5	4	5

- 7 -

순번	시군구	시설종류 1.취수시설 2.정수시설 3.관로 4.기타( )	시설명	시설용량 (시설용량 ㎥/일)	관로연장 (관로연장은 km 단위)	상수도시설 운영주체 1.직영 2.공사, 공단 3.민간기업 4.기타 *운영시 총속 기업	운영인원 합계(명)	운영비용 (단위:천원 /최근1년) *작용시 운영실장기 입	예산편성 비목 1.민간위탁금 (307-05) 2.공기관등에 대한 경상적 위탁사업비 (308-13) 3.민간위탁사업비(402-03) 4.직영 5.기타 (비예몽 기입)	운영주체 선정 방법 1.지자체 자체 선정 2.전문 기관에 의뢰 3.기타 ( ) 4.해당없음 *직영시 미기입	계약형식			관리감독 성과평가 관련					평가결과 적용	
											계약운영시 (경쟁형태) 1.일반경쟁 2.제한경쟁 3.지명경쟁 4.수의계약 5.민찬에약 6.기타 ( ) 7.해당없음	계약기간 1.1년 2.2년 3.3년 4.4년 5.5년 6.기타 ( )년 7.해당없음	낙찰자선정방법 (수의계약 시 해당없음) 1.기술가격협상업 2.적격심사 3.협의에 의한 계약 4.최저가 낙찰 5.규격가격리 6.2단계 경쟁입찰 7.기타 ( ) 8.해당없음	성과평가 실시 여부 1.실시 2.미실시 3.해당주진 4.해당없음	성과평가 주기 1.매년 2.격년 3.기타 ( ) 4.해당없음	성과평가 실시 방법 1.지자체 자체평가 2.상호수수 협의 의뢰 3.기타 ( ) 4.해당없음	평가기준 적용방법 1.환경부 지침 적용 2.환경부 지침 +지역여건반영 3.전문 평가기관 의뢰 4.기타 ( ) 5.해당없음	실제 인센티브 및 패널티 적용 유무 1.매년 적용 2.적용 안됨 3.기타 ( ) 4.해당없음	인센티브 및 패널티 적용근거 1.조례 2.계약서 3.지침 4.기타 5.해당없음
263	전남 구례군	2	구례통합정수장	7,900	-	1	9		4		7	7	8	4	4	4	5	4	5
264	전남 구례군	2	광의정수장	2,100	-	1	9	1,271,579	4		7	7	8	4	4	4	5	4	5
265	전남 구례군	2	산동정수장	3,500	-	1	3		4		7	7	8	4	4	4	5	4	5
266	전남 고흥군	3	수락관로	509	-	1	5	654,905	4		7	7	8	4	4	4	5	4	5
267	전남 고흥군	2	도약정수장	3,600	-	1	1		4		7	7	8	4	4	4	5	4	5
268	전남 고흥군	2	점동정수장	6,000	-	1	1		4		7	7	8	4	4	4	5	4	5
269	전남 고흥군	2	오천정수장	3,500	-	1	2		4		7	7	8	4	4	4	5	4	5
270	전남 고흥군	2	신평정수장	2,000	-	1	1	1,215,000	4		7	7	8	4	4	4	5	4	5
271	전남 고흥군	2	금사정수장	2,000	-	1	2		4		7	7	8	4	4	4	5	4	5
272	전남 고흥군	2	상사정수장	4,000	-	1	1		4		7	7	8	4	4	4	5	4	5
273	전남 고흥군	2	동강정수장	1,000	-	1	5	16,330	4		7	7	8	4	4	4	5	4	5
274	전남 보성군	1	장수리정	7,500	-	1	5		4		7	7	8	4	4	4	5	4	5
275	전남 보성군	2	장수정수장	7,500	-	1	3	29,840	4		7	7	8	4	4	4	5	4	5
276	전남 보성군	3	장수관로	503	-	1	7		4		7	7	8	4	4	4	5	4	5
277	전남 화순군	2	화순정수장	5,000	-	1	7		4		7	7	8	4	4	4	5	4	5
278	전남 화순군	2	청풍정수장	2,000	-	1	7		4		7	7	8	4	4	4	5	4	5
279	전남 화순군	2	등이양정수장	2,000	-	1	7		4		7	7	8	4	4	4	5	4	5
280	전남 화순군	2	백녀정수장	2,000	-	1	7		4		7	7	8	4	4	4	5	4	5
281	전남 화순군	2	순동정수장	900	-	1	7	395,000	4		7	7	8	4	4	4	5	4	5
282	전남 화순군	2	순천이양정수장	2,200	-	1	7		4		7	7	8	4	4	4	5	4	5
283	전남 화순군	2	순천북정수장	2,200	-	1	7		4		7	7	8	4	4	4	5	4	5
284	전남 화순군	2	순천아정수장	2,200	-	1	7	78,220	4		7	7	8	4	4	4	5	4	5
285	전남 화순군	2	순천지정수장	1,500	-	1	7	250,000	4		7	7	8	4	4	4	5	4	5
286	전남 화순군	1	순천바취수	7,000	-	1	7		4		7	7	8	4	4	4	5	4	5
287	전남 화순군	2	순천바정수	4,000	-	1	7		4		7	7	8	4	4	4	5	4	5
288	전남 화순군	2	순천지정수	4,000	-	1	5	820,000	4		7	7	8	4	4	4	5	4	5
289	전남 화순군	3	수원관로		1,154	1	3		4		7	7	8	4	4	4	5	4	5
290	전남 영암군	1	영암군 취수시설	13,000	-	1	11	990,124	4		7	7	8	4	4	4	5	4	5
291	전남 영암군	2	영암군 정수시설	43,000	-	1	11	3,167,313	4		7	7	8	4	4	4	5	4	5
292	전남 영암군	3	영암 상수도시설	420	-	1	18	708,652	4		7	7	8	4	4	4	5	4	5
293	전남 함평군	2	함평정수장	10,000	-	2	26	4,226,206	4	991,355	6	6	7	4	4	4	5	3	4
294	전남 함평군	1	유체계	5,000	-	1	2	60,000	5		7	7	8	4	4	4	5	4	5
295	전남 장성군	2	장성정수장	5,000	-	1	2	155,700	4		7	7	8	4	4	4	5	4	5
296	전남 장성군	3	용산관로	1,025	-	1	1	400,000	4		7	7	8	4	4	4	5	4	5
297	전남 완도군	1	완화취수시설	1,100	-	1,			2		5	6	7	4	4	3	1	4	5
298	전남 완도군	1	군외취수시설	270	-	1,			2		5	6	7	1	1	3	1	4	5
299	전남 완도군	1	대야취수시설	7,000	-	1,			2		5	6	8	1	1	3	1	4	5
300	전남 완도군	1	마라취수시설	1,300	-	1,			2		5	6	8	1	1	3	1	4	5

- 8 -

순번	시군구	시설의 종류 1.취수시설 2.정수시설 3.관로 4.기타( )	시설명	시설용량 (시설용량 ㎥/일)	관로연장 (관로연장은 km 단위)	상수도시설 운영주체 1.직영 2.공사, 공단 3.민간기업 4.기타 • 민간시 중복 기입	운영인력 합계 (명)	운영비용 (단위:천원/1년간) • 직영시 운영연산 기입	예산편성 비목 1.민간위탁금(307-05) 2.공기관에 대한 경상적 위탁사업비(308-13) 3.민간대행사업비(402-03) 4.직영 5.기타(비목명 기입)	운영예산 산정 방법 1.지자체 자체 산정 2.전문 기관에 의뢰 3.기타 ( ) 4.해당없음 • 직영시 미기입	계약체결방법(경쟁형태) 1.일반경쟁 2.제한경쟁 3.지명경쟁 4.수의계약 5.발주형태 6.기타 ( ) 7.해당없음	계약기간 1.1년 2.2년 3.3년 4.4년 5.5년 6.기타 (,년) 7.해당없음	낙찰자선정방법 (수의계약 시 해당없음) 1.기술가격병행입찰 2.적격심사 3.협상에의한계약 4.최저가낙찰제 5.규격가격제 6.2단계 경쟁입찰 7.기타 ( ) 8.해당없음	성과평가 실시 여부 1.실시 2.미실시 3.향후추진 4.해당없음	성과평가 주기 1.매년 2.격년 3.기타 ( ) 4.해당없음	관리대행 성과평가 관련 성과평가 실시 방법 1.지자체 자체평가 2.상·하수도 협회 의뢰 3.기타 4.해당없음	평가기준 적용방법 1.환경부 지침 적용 2.환경부 지침 -지역여건반영 3.전문 평가기준 의뢰 4.기타 ( ) 5.해당없음	실제 인벤티브 및 페널티 적용 유무 1.해당 적용 2.적용 안함 3.기타 ( ) 4.해당없음	인벤티브 및 페널티 적용근거 1.조례 2.계약서 3.지침 4.기타 5.해당없음
301	경기 군포시	1	편동취수시설	4,000	-	2			2	2	5	6	7	1	1	3	1	4	5
302	경기 군포시	1	편동취수시설	450	-	2			2	2	5	6	7	1	1	3	1	4	5
303	경기 군포시	1	편동취수시설	1,100	-	2			2	2	5	6	7	1	1	3	1	4	5
304	경기 군포시	1	역곡취수시설	670	-	2			2	2	5	6	7	1	1	3	1	4	5
305	경기 군포시	1	책자취수시설	1,200	-	2			2	2	5	6	7	1	1	3	1	4	5
306	경기 군포시	1	해동취수시설	2,900	-	2			2	2	5	6	7	1	1	3	1	4	5
307	경기 군포시	1	국면취수시설	1,100	-	2	76	6,405,702	2	2	5	6	7	1	1	3	1	4	5
308	경기 군포시	1	남포도취시설	270	-	2			2	2	5	6	7	1	1	3	1	4	5
309	경기 군포시	1	대정취수시설	7,000	-	2			2	2	5	6	7	1	1	3	1	4	5
310	경기 군포시	1	미곡취수시설	1,300	-	2			2	2	5	6	7	1	1	3	1	4	5
311	경기 군포시	2	생활정수시설	4,000	-	2			2	2	5	6	7	1	1	3	1	4	5
312	경기 군포시	2	양정정수시설	450	-	2			2	2	5	6	7	1	1	3	1	4	5
313	경기 군포시	2	역곡정수시설	1,100	-	2	39	5,980,000	2	2	5	6	7	1	1	3	1	4	5
314	경기 군포시	2	책자정수시설	650	-	2			2	2	5	6	7	1	1	3	1	4	5
315	경기 군포시	2	예동정수시설	1,200	-	2			2	2	5	6	7	1	1	3	1	4	5
316	경기 군포시	2	해동정수시설	2,900	-	2			2	2	5	6	7	1	1	3	1	4	5
317	경기 군포시	3	관로시설	1,146	-	2			3	3	5	6	3	1	1	3	2	4	2
318	경기 군포시	3	상수관장	10,000	-	1	-	38,630,471	4	4	5	6(10)	3	1	1	3	1	1	2
319	경기 김포시	1,2	동원취수장	3,500	-	1	3	20,000	4	4	5	6(10)	3	1	1	3	2	1	2
320	경기 김포시	1	정면취수원	40,000	-	1	4	150,000	4	4	5	6(10)	3	1	1	3	2	1	2
321	경기 김포시	1,2	봉취수원	20,000	-	1	4	80,000	4	4	5	6(10)	3	1	1	3	2	1	2
322	경기 김포시	1,2	양수취수원	700	-	1	3	50,000	4	4	5	6(10)	3	1	1	3	2	1	2
323	경기 김포시	1,2	채수배등량	35,000	-	1	4	150,000	4	4	5	6(10)	3	1	1	3	2	1	2
324	경기 김포시	3	상수관장	30,000	-	1	4	1,350,000	4	4	5	6(10)	3	4	4	4	2	1	2
325	경기 김포시	1	충영사업	35,000	-	1	4	720,000	4	4	7	7	8	4	4	4	5	4	5
326	경기 김포시	1	검산취수장	15,000	-	1	4	800,000	4	4	7	7	8	4	4	4	5	4	5
327	경기 김포시	2	봉문취수장	8,000	-	1	3	450,000	4	4	7	7	8	4	4	4	5	4	5
328	경기 김포시	2	봉수해정수장	8,000	-	1	3	180,000	4	4	7	7	8	4	4	4	5	4	5
329	경기 김포시	3	봉영사업 수지관	3,500	2,409	1	13	25,608,393	5	5	7	7	8	4	4	4	5	4	5
330	경기 김포시	2	회양사시설 수로관로	49,000	-	1	6	5,158,555	5	4	7	7	8	2	4	4	5	4	5

순번	시군구	사업의 종류 1.취수시설 2.정수시설 3.관로 4.기타( )	시설명	시설용량 (시설용량 ㎥/일)	관로연장 (관로연장 km 단위)	상수도시설 운영주체 1.직영 2.공사,공단 3.민간기업 4.기타 *운영시 총회 가입	운영인원 합계 (명)	운영비용 (단위:천원) /년도 *직영시 운영예산 기입	예산 편성 비목 1.인건비등 (307-05) 2.공기관등에 대한 경상적 위탁사업비 (308-13) 3.민간위탁사업비(402-03) 4.직영 5.기타 (비목명 기입)	운영예시 산정 방법 1.지자체 자체 산정 2.전문 기관에 의뢰 3.기타() 4.해당없음 *직영시 미기입	계약방식 계약결정방식 (경영형태) 1.일반경쟁 2.제한경쟁 3.지명경쟁 4.수의계약 5.민간위탁 6.기타() 7.해당없음	계약기간 1.1년 2.2년 3.3년 4.4년 5.5년 6.기타 ()년 7.해당없음	낙찰자선정방법 (수의계약 시 해당없음) 1.기술가격병합입찰 2.적격심사 3.협상에의한계약 4.최저가낙찰제 5.규격가격분리 6.2단계 경쟁입찰 7.기타() 8.해당없음	성과평가 실시 여부 1.실시 2.미실시 3.향후 추진 4.해당없음	성과평가 주기 1.매년 2.격년 3.기타() 4.해당없음	성과평가 실시 방법 1.지자체 자체평가 2.상수도 협회 의뢰 3.기타() 4.해당없음	평가기준 적용방법 1.환경부 지침 적용 2.협회 지침 적용 +지역여건반영 3.전문 평가기관 의뢰 4.기타() 5.해당없음	실제 인센티브 및 패널티 적용 유무 1.매년 적용 2.적용 안함 3.기타() 4.해당없음	인센티브 및 패널티 적용근거 1.조례 2.계약서 3.지침 4.기타() 5.해당없음
339	경북 김천시	2	지례정수시설	800	-	1			5	4	1	1	8	2	4	4	5	4	5
340	경북 김천시	4	소규모수도시설	191	-	1	2	500,000	5	2	1	1	2	2	4	4	4	4	4
341	경북 김천시	4	마을상수도	22	-	1	2	500,000	5	2	1	1	2	2	4	4	4	4	4
342	경북 안동시	3	상수관망	2,417	-	1	19	29,993,333	4	4	7	7	8	4	4	4	5	4	5
343	경북 구미시	1	구미취수장	140,000	-	1	4	1,702,816	4	4	7	7	8	4	4	4	5	4	5
344	경북 구미시	2	구미정수장	50,000	-	1	32	54,065,632	4	4	7	7	8	4	4	4	5	4	5
345	경북 구미시	3	배수관로	-	1,606,950	1	18	10,735,504	4	4	7	7	8	4	4	4	5	4	5
346	경북 영천시	3	상수관망	1,450	-	1	6	674,508	4	4	7	7	8	4	4	4	5	4	5
347	경북 영주시	2	가흥정수시설	40,000	-	1	9		4	4	7	7	8	4	4	4	5	4	5
348	경북 영주시	2	풍기정수시설	5,000	-	1	2	1,851,944	4	4	7	7	8	4	4	4	5	4	5
349	경북 영주시	2	순흥정수시설	700	-	1	-		4	4	7	7	8	4	4	4	5	4	5
350	경북 영주시	2	부석정수시설	2,100	-	1	-		4	4	7	7	8	4	4	4	5	4	5
351	경북 영주시	4	상수도사업소	46,000	1,019	1	42	32,000,000	4	4	7	7	8	4	4	4	5	4	5
352	경북 상주시	1	사벌백화수장	41,000	-	1	10	62,800	4	4	7	7	8	2	4	4	5	4	5
353	경북 상주시	1	무양취수장	13,200	-	1	10	62,800	4	4	7	7	8	2	4	4	5	4	5
354	경북 상주시	1	도남취수장	5,500	-	1	10	62,800	4	4	7	7	8	2	4	4	5	4	5
355	경북 상주시	1	함창취수장	4,000	-	1	10	62,800	4	4	7	7	8	2	4	4	5	4	5
356	경북 상주시	2	청운정수장	38,000	-	1	10	248,000	4	4	7	7	8	4	4	4	5	4	5
357	경북 상주시	2	무양정수장	12,000	-	1	10	248,000	4	4	7	7	8	2	4	4	5	4	5
358	경북 상주시	2	도남정수장	2,500	-	1	10	248,000	4	4	7	7	8	2	4	4	5	4	5
359	경북 상주시	2	함창정수장	4,000	-	1	10	248,000	4	4	7	7	8	2	4	4	5	4	5
360	경북 상주시	3	통수관망	35,000	-	1	30		4	4	7	7	8	4	4	4	5	4	5
361	경북 상주시	2	광정수장	12,000	-	1	6	12,056,767	4	4	7	7	8	4	4	4	5	4	5
362	경북 상주시	2	가은정수장	3,000	-	1	6		4	4	7	7	8	2	4	4	5	4	5
363	경북 상주시	2	동로정수장	800	-	1	6		4	4	7	7	8	4	4	4	5	4	5
364	경북 상주시	2	산양정수장	100,000	-	1	36	23,643,206	4	4	7	7	8	4	4	4	5	4	5
365	경북 상주시	3	상수관망	1,737	-	1	17	21,811,430	4	4	7	7	8	4	4	4	5	4	5
366	경북 청송군	1	청송취수장	6,100	-	2	24		2	2	4	6	8	1	2	1,2	3	1	2
367	경북 청송군	1	주왕산취수장	330	-	2	24		2	2	4	6	8	1	2	1,2	3	1	2
368	경북 청송군	1	부남취수장	990	-	2	24		2	2	4	6	8	1	2	1,2	3	1	2
369	경북 청송군	1	파천취수장	2,640	-	2	24		2	2	4	6	8	1	2	1,2	3	1	2
370	경북 청송군	1	진보취수장	3,300	-	2	24	4,800,000	2	2	4	6	8	1	2	1,2	3	1	2
371	경북 청송군	2	청송정수장	3,000	-	2	24		2	2	4	6	8	1	2	1,2	3	1	2
372	경북 청송군	2	주왕산정수장	300	-	2	24		2	2	4	6	8	1	2	1,2	3	1	2
373	경북 청송군	2	부남정수장	900	-	2	24		2	2	4	6	8	1	2	1,2	3	1	2
374	경북 청송군	2	파천정수장	2,400	-	2	24		2	2	4	6	8	1	2	1,2	3	1	2
375	경북 청송군	2	진보정수장	3,000	-	2	24		2	2	4	6	8	1	2	1,2	3	1	2
376	경북 청송군	3	상수관망	736	-	2	24		2	2	4	6	8	1	2	1,2	3	1	2

순번	시군구	시설형태 1.하수시설 2.정수시설 3.관로 4.기타()	시설명	시설용량 (시설용량 ㎥(톤))	관로연장 (관로연장은 km 단위)	상수도시설 운영주체 1.직영 2.공사,공단 3.민간기업 4.기타 *운영시 중복 기입	운영인원 합계 (명)	운영비용 (단위:천원 /1년간) *직영시 운영산정 기입	예산편성 비목 1.민간위탁금(307-05) 2.공기관등에 대한 경상적 위탁사업비(308-13) 3.민간위탁사업비(402-03) 4.직영 5.기타 (비목명 기입)	운영예산 산정 방법 1.지자체 자체 산정 2.전문 기관에 의뢰 3.기타() 4.해당없음 *직영시 마기입	계약방식 계약결정방법 (경쟁형태) 1.일반경쟁 2.제한경쟁 3.지명경쟁 4.수의계약 5.법정위탁 6.기타() 7.해당없음	계약기간 1.1년 2.2년 3.3년 4.4년 5.5년 6.기타()년 7.해당없음	낙찰자선정방법 (수의계약 시 해당없음) 1.기술가격분리입찰 2.적격심사 3.협상에의한계약 4.최저가제한제 5.규격가격분리 6.2단계 경쟁입찰 7.기타() 8.해당없음	관리대행 성과평가 관련 성과평가 실시 여부 1.실시 2.미실시 3.향후 수집 4.해당없음	성과평가 주기 1.매년 2.격년 3.기타() 4.해당없음	성과평가 실시 방법 1.지자체 자체평가 2.상·하수도 협회 의뢰 3.기타() 4.해당없음	평가기준 적용방법 1.환경부 지침 적용 2.환경부 지침 +지역여건반영 3.전문 평가기준 의뢰 4.기타() 5.해당없음	평가결과 적용 실적 인센티브 및 페널티 적용유무 1.적용 적용 2.적용 안함 3.기타() 4.해당없음	평가결과 적용 인센티브 및 페널티 적용근거 1.조례 2.계약서 3.지침 4.기타() 5.해당없음
377	경북 영양군	1	영양하수시설	3,000	-	1	1	605,000	4	4	7	7	8	4	4	4	5	4	5
378	경북 영양군	2	영양정수시설	3,000	-	1	1		4	4	7	7	8	4	4	4	5	4	5
379	경북 영양군	1	청기하수시설	800	-	1	1	90,000	4	4	7	7	8	4	4	4	5	4	5
380	경북 영양군	2	청기정수시설	800	-	1	1		4	4	7	7	8	4	4	4	5	4	5
381	경북 영양군	1	수비하수시설	600	-	1	1	75,000	4	4	7	7	8	4	4	4	5	4	5
382	경북 영양군	2	수비정수시설	600	-	1	1		4	4	7	7	8	4	4	4	5	4	5
383	경북 영양군	1	입암하수시설	800	-	1	1	145,000	4	4	7	7	8	4	4	4	5	4	5
384	경북 영양군	2	입암정수시설	800	-	1	1		4	4	7	7	8	4	4	4	5	4	5
385	경북 영양군	1	일월하수시설	1,000	-	1	1	115,000	4	4	7	7	8	4	4	4	5	4	5
386	경북 영양군	2	일월정수시설	1,000	-	1	1		4	4	7	7	8	4	4	4	5	4	5
387	경북 영양군	1	석보하수시설	1,000	-	1	1	135,000	4	4	7	7	8	4	4	4	5	4	5
388	경북 영양군	2	석보정수시설	1,000	-	1	1		4	4	7	7	8	4	4	4	5	4	5
389	경북 영양군	3	관로	1,124	-	1	13	6,590,012	4	4	7	7	8	2	4	4	5	4	5
390	경북 고령군	1,2,3	고령지방상수잠	9,000	-	2	20	4,647,000	1	3	4	6	3	1	2	1	4	3	2
391	경북 성주군	2	조전정수장	1,400	-	1	2	250,000	5	4	7	7	8	2	4	3	5	4	5
392	경북 성주군	2	가천정수장	1,000	-	1	2		5	4	7	7	8	2	4	3	5	4	5
393	경북 칠곡군	2	공단정수장	28,000	-	1	9	164,760	4	4	7	7	8	2	4	3	5	4	5
394	경북 칠곡군	3	상수관망	964	-	1	4	22,785,000	4	4	7	7	8	2	4	3	5	4	5
395	경북 예천군	1	예천하수처	10,800	-	2	28	7,662,832	2	1	6	6	3	1	1	3	1	1	2
396	경북 예천군	1	풍양하수처	1,900	-	2	28		2	1	6	6	3	1	1	3	1	1	2
397	경북 예천군	1	예천하수처	10,800	-	2	28		2	1	6	6	3	1	1	3	1	1	2
398	경북 예천군	1	예천하수처	1,900	-	2	28	4,892,108	2	1	6	6	3	1	1	3	1	1	2
399	경북 예천군	1,2	봉화	3,000	-	2	29		4	4	7	7	8	4	4	4	5	4	5
400	경북 봉화군	1,2	봉화	4,000	-	2	29		4	4	7	7	8	4	4	4	5	4	5
401	경북 봉화군	1,2	춘양	2,000	-	2	29		4	4	7	7	8	4	4	4	5	4	5
402	경북 봉화군	1,2	재산	800	-	2	29		4	4	7	7	8	4	4	4	5	4	5
403	경북 봉화군	1,2	소천	600	-	2	29		4	4	7	7	8	4	4	4	5	4	5
404	경북 봉화군	1,2	석포	800	-	2	29		4	4	7	7	8	4	4	4	5	4	5
405	경북 봉화군	3	상수관망		-	2	29		4	4	7	7	8	4	4	4	5	4	5
406	경북 울진군	1	울진하수시설	9,000	724	1	23	2,230,199	4	4	7	7	8	4	4	4	5	4	5
407	경북 울릉군	3	상수관망(송수관로)		217	1	10	1,515,000	4	4	7	7	8	4	4	4	5	4	5
408	창원특례시	1	덕서하수장	440,000	-	1	30	17,334,135	4	4	7	7	8	4	4	4	5	4	5
409	창원특례시	2	덕서정수장	400,000	-	1	30		4	4	7	7	8	4	4	4	5	4	5
410	창원특례시	2	대산정수장(안분)	10,000	-	1	18		4	4	7	7	8	4	4	4	5	4	5
411	창원특례시	2	대산정수장(안분 1단계)	60,000	-	1	18	4,149,082	4	4	7	7	8	4	4	4	5	4	5
412	창원특례시	2	대산정수장(안분 2단계)	60,000	-	1	18		4	4	7	7	8	4	4	4	5	4	5
413	창원특례시	2	북면정수장(안분)	10,000	-	1	18		4	4	7	7	8	4	4	4	5	4	5
414	창원특례시	1	성주정화조	23,810	-	1	17	8,492,771가	4	4	7	7	8	4	4	4	5	4	5

순번	시군구	사업의 종류 1.취수시설 2.정수시설 3.관로 4.기타( )	시설명	시설용량 (시설용량 ㎥/일)	관로연장 (관로연장은 km 단위)	상수도시설 운영주체 1.직영 2.공사,공단 3.민간기업 4.기타 *운영시 중복 기입	운영인원 합계 (명)	운영사용 (단위 천원) /1년간 *직영시 운영예산 기입	예산편성 비목 1.인건비적립 (307-05) 2.공기관등에 대한 경상적 위탁사업비 (308-13) 3.민간위탁사업비(402-03) 4.직영 5.기타 (비목명 기입)	운영예산 선정 방법 1.지자체 자체 선정 2.전문 기관의 의뢰 3.기타( ) 4.해당없음 *직영시 미기입	계약방식 계약방법 (경쟁형태) 1.일반경쟁 2.제한경쟁 3.지명경쟁 4.수의계약 5.법정예약 6.기타( ) 7.해당없음	계약기간 1.1년 2.2년 3.3년 4.4년 5.5년 6.기타 (1년 7.해당없음	낙찰선정방법 (수의계약 시 해당없음) 1.기술가격재협상일 2.적격심사 3.협상에의한계약 4.최저가낙찰제 5.규격가격분리 6.2단계 경쟁입찰 7.기타( ) 8.해당없음	성과평가 실시 여부 1.실시 2.미실시 3.향후 추진 4.해당없음	성과평가 주기 1.매년 2.격년 3.기타( ) 4.해당없음	관리행 성과평가 관련 성과평가 실시 방법 1.지자체 자체평가 2.상하수도 협회 의뢰 3.기타( ) 4.해당없음	평가기준 적용방법 1.환경부 지침 적용 2.환경부 지침 +지역여건반영 3.전문 평가기관 의뢰 4.기타( ) 5.해당없음	실적 인센티브 및 패널티 적용 유무 1.매년 적용 2.지용 안함 3.기타( ) 4.해당없음	평가결과 적용 인센티브 및 패널티 적용근거 1.조례 2.계약서 3.지침 4.기타( ) 5.해당없음
415	청원특별시	2	덕정정수장	100,000	-	1	17		5	4	7	7	8	4	4	4	5	4	5
416	진주시	1	취수장	220,000	-	1	4	426,999	4	4	7	7	8	4	4	4	5	4	5
417	진주시	2	제2정수장	140,000	-	1	8	3,170,278	4	4	7	7	8	4	4	4	5	4	5
418	진주시	3	정수관망	2,288	-	1	10	2,900,000	4	4	7	6	8	4	4	4	4	4	4
419	통영시	1	욕지 취수장	181,600	-	2	20		2	3	6	6	8	4	4	4	4	4	4
420	통영시	2	욕지 정수장	1,800	-	2	20	2,661,900	2	3	6	6	8	1	2	3	4	4	4
421	통영시	3	정수관망	962	-	2	20		2	3	6	6	8	1	2	3	4	1	4
422	사천시	2	곤명정수장	2,000	-	2	1	59,789	2	2	4	6	8	1	2	3	3	1	2
423	사천시	2	곤양정수장	2,200	-	2	1	11,813	2	2	4	6	8	1	2	3	3	1	2
424	사천시	4	배수지	40,790	-	2	7	789,496	2	2	4	6	8	1	2	3	3	1	2
425	사천시	4	가압장	25,260	-	2	7	452,911	2	2	7	6	8	1	2	3	3	1	2
426	사천시	3	정수관로	1,352	-	2	10	1,114,725	2	2	7	6	8	4	4	4	5	4	5
427	사천시	2	정수장수질	165,000	-	1	19	22,643,641	4	4	7	7	8	4	4	4	5	4	5
428	사천시	2	명동수시설	145,000	-	1	30	5,325,710	4	4	7	7	8	4	4	4	5	4	5
429	거제시	3	정수관망	2,323	-	1	6	1,085,000	4	4	7	7	8	4	4	4	5	4	5
430	거제시	1	고현취수장	16,000	-	1	2	344,959	4	4	7	7	8	4	4	4	5	4	5
431	거제시	2	고현정수장	16,000	-	1	9	4,587,264	4	4	7	7	8	4	4	4	5	4	5
432	거제시	3	정수관망	1,467	-	1	6	5,580,000	4	4	7	7	8	4	4	4	5	4	5
433	거제시	3	도수관로	7	-	1	4		4	4	7	7	8	4	4	4	5	4	5
434	거제시	3	송수관로	52	-	1	4	30,000	4	4	7	7	8	4	4	4	5	4	5
435	거제시	3	배수관로	871	-	1	4	885,000	4	4	7	7	8	4	4	4	5	4	5
436	거제시	3	급수관로	230	-	1	4		4	4	7	7	8	4	4	4	5	4	5
437	거제시	1	신도시취수장	74,200	-	1	3	608,377	4	4	7	7	8	4	4	4	5	4	5
438	거제시	2	신도시정수장	38,000	-	1	7	26,838,127	4	4	7	7	8	4	4	4	5	4	5
439	거제시	2	범아정수장	37,500	-	1	7		4	4	7	7	8	4	4	4	5	4	5
440	거제시	2	중정수장	55,000	-	1	9		4	4	7	7	8	4	4	4	5	4	5
441	거제시	2	중앙정수장	20,000	-	1	11	1,534,000	4	4	7	7	8	4	4	4	5	4	5
442	거제시	2	서울정수장	6,000	-	1	7	54,000	4	4	7	7	8	4	4	4	5	4	5
443	거제시	2	화정정수장	2,500	-	1	7	72,000	4	4	7	7	8	4	4	4	5	4	5
444	거제시	2	북항정수장	800	-	1	4	575,000	4	4	7	7	8	4	4	4	5	4	5
445	거제시	2	녹산정수장	3,000	-	1	7	430,890	5	1	4	1	2	4	4	4	4	4	5
446	거제시	2	월남정수장	3,000	-	1	11		4	4	7	7	8	4	4	4	5	4	5
447	거제시	2	군산정사	700	-	1	-		5	1	2	1	2	4	4	4	5	4	5
448	군용동면	1	복면취수장	35,000	-	1	7		4	4	7	7	8	4	4	4	5	4	5
449	군용동면	2	등관정수장	25,500	-	1	7		4	4	7	7	8	4	4	4	4	4	5
450	군용동면	3	정수관망	665	-	3	4		5	4	2	1	8	4	4	4	5	4	5
451	군용동면	3	정수관망	665	-	3	4	65,000	5	4	1	1	8	4	4	4	5	4	5
452	군용동면	3	정수관망	665	-	3	2	38,500	5	4	4	1	8	4	4	4	5	4	5

순번	사고구	시설종류 1.취수시설 2.정수시설 3.관로 4.기타()	시설명	사용용량 (시설용량 ㎥/일)	관로연장 (관로연장은 km 단위)	상수도시설 운영주체 1.직영 2.공사·공단 3.민간기업 4.기타 *분뇨시 총두 기입	운영인력 합계(명)	운영비용 (단위:천원/1년간) *직영시 운영예산 기입	예산편성 내역 1.인건비예산(307-05) 2.공기관등에 대한 경상적 위탁사업비(308-13) 3.민간위탁사업비(402-03) 4.직영 5.기타(비예산 기입)	운영예산 산정 방법 1.지자체 자체 산정 2.전문 기관에 의뢰 3.기타() 4.해당없음 *직영시 미기입	계약서 계약결정방법 (경쟁입찰) 1.일반경쟁 2.제한경쟁 3.지명경쟁 4.수의계약 5.방침에약 6.기타() 7.해당없음	계약기간 1.1년 2.2년 3.3년 4.4년 5.5년 6.기타(1년) 7.해당없음	낙찰자선정방법 (수의계약시 해당없음) 1.기술가격분리입찰 2.적격심사 3.협상에의한계약 4.최저가격낙찰 5.규격가격분리 6.2단계경쟁입찰 7.기타() 8.해당없음	성과평가 실시 여부 1.실시 2.미실시 3.향후 추진 4.해당없음	성과평가 주기 1.매년 2.격년 3.기타() 4.해당없음	성과평가 실시 방법 1.지자체 자체평가 2.지자체·상하수도 협회 의뢰 3.기타() 4.해당없음	평가기준 적용방법 1.환경부 지침 적용 2.환경부 지침 +지역여건반영 3.전문 평가기관 의뢰 4.기타() 5.해당없음	실제 인센티브 및 패널티 적용 유무 1.적용 적용 2.적용 안함 3.기타() 4.해당없음	평가결과 적용 인센티브 및 패널티 적용근거 1.조례 2.계약서 3.지침 4.기타() 5.해당없음
453	관내R지구	1	용지	3,000	-	1	18		4	4	7	7	8	4	4	4	5	4	5
454	관내R지구	1	만년	1,000	-	1	18		4	4	7	7	8	4	4	4	5	4	5
455	관내R지구	1	마산	1,000	-	1	18		4	4	7	7	8	4	4	4	5	4	5
456	관내R지구	1	우복	2,000	-	1	18		4	4	7	7	8	4	4	4	5	4	5
457	관내R지구	1	우산	900	-	1	18		4	4	7	7	8	4	4	4	5	4	5
458	관내R지구	1	만문	950	-	1	18		4	4	7	7	8	4	4	4	5	4	5
459	관내R지구	1	신아(하)	1,000	-	1	18		4	4	7	7	8	4	4	4	5	4	5
460	관내R지구	1	내동	2,000	-	1	18		4	4	7	7	8	4	4	4	5	4	5
461	관내R지구	1	봉지	800	-	1	18		4	4	7	7	8	4	4	4	5	4	5
462	관내R지구	1	지동	1,000	-	1	18		4	4	7	7	8	4	4	4	5	4	5
463	관내R지구	1	조월	950	-	1	18	7,602,763	4	4	7	7	8	4	4	4	5	4	5
464	관내R지구	1	구두	3,000	-	1	18		4	4	7	7	8	4	4	4	5	4	5
465	관내R지구	2	관내정수장	1,000	-	1	18		4	4	7	7	8	4	4	4	5	4	5
466	관내R지구	2	관내정수장	950	-	1	18		4	4	7	7	8	4	4	4	5	4	5
467	관내R지구	2	관내정수장	960	-	1	18		4	4	7	7	8	4	4	4	5	4	5
468	관내R지구	2	관내정수장	2,000	-	1	18		4	4	7	7	8	4	4	4	5	4	5
469	관내R지구	2	관내정수장	900	-	1	18		4	4	7	7	8	4	4	4	5	4	5
470	관내R지구	2	관내정수장	950	-	1	18		4	4	7	7	8	4	4	4	5	4	5
471	관내R지구	2	관내정수장	3,000	-	1	18		4	4	7	7	8	4	4	4	5	4	5
472	관내R지구	2	관내정수장	800	-	1	18		4	4	7	7	8	4	4	4	5	4	5
473	관내R지구	2	관내정수장	1,000	-	1	18		4	4	7	7	8	4	4	4	5	4	5
474	관내R지구	2	관내정수장	1,000	-	1	18		4	4	7	7	8	4	4	4	5	4	5
475	관내R지구	3	관내관	1,196	-	1	18		4	4	7	7	8	4	4	4	5	4	5
476	관내R지구	3	관내관	5,000	-	1	2		4	4	7	7	8	4	4	4	5	4	5
477	반월R지구	1	관내수원	4,000	-	1	2	35,000	4	4	7	7	8	4	4	4	5	4	5
478	반월R지구	1	관내수원	2,000	-	1	2	156,395	4	4	7	7	8	4	4	4	5	4	5
479	반월R지구	1	관내수원	2,000	-	1	2	45,000	4	4	7	7	8	4	4	4	5	4	5
480	반월R지구	1	관내수원	646	-	1	2	121,350	4	4	7	7	8	4	4	4	5	4	5
481	반월R지구	1	관광정	5,500	-	1	13	1,543,800	4	4	7	7	8	4	4	4	5	4	5
482	반월R지구	2	관내수원	4,100	-	1	13		4	4	7	7	8	4	4	4	5	4	5
483	반월R지구	2	관내수원	1,500	-	1	13		4	4	7	7	8	4	4	4	5	4	5
484	반월R지구	2	관내수원	5,500	-	1	13	2,963,574	4	4	7	7	8	4	4	4	5	4	5
485	반월R지구	2	관내수원	5,700	-	1	13		4	4	7	7	8	4	4	4	5	4	5
486	반월R지구	2	신생수원	1,500	-	1	9		4	4	7	7	8	4	4	4	5	4	5
487	반월R지구	1	신생수원	24,000	-	1	9		4	4	7	7	8	4	4	4	5	4	5
488	거창R지구	2	거창정수시설	20,000	-	2	9		4	4	7	7	8	4	4	4	5	4	5
489	거창R지구	2	거창정수시설	3,830	-	3	9		4	4	7	7	8	4	4	4	5	4	5
490	거창R지구	1	거창정수시설																

순번	시도구	시설의 종류 1.취수시설 2.정수시설 3.관로 4.기타( )	시설명	시설용량 (시설용량의 ㎥(톤)/일)	관로연장 (로관연장은 km 단위)	상수도시설 운영주체 1.직영 2.공사,공단 3.민간기업 4.기타 *운영시 주체 기입	운영인력 합계 (명)	운영비용 (단위:천원 / 년간) *직영시 운영예산 기입	예산편성 비목 1.민간위탁금 (307-05) 2.공기관등에 대한 경상적 위탁사업비 (308-13) 3.민간위탁사업비 (402-03) 4.직영 5.기타 (비목명 기입)	운영평가 선정 신청방법 1.지자체 자체 선정 2.전문 기관에 의뢰 3.기타 ( ) 4.해당없음 *직영시 미가입	계약체결방법 (경쟁형태) 1.일반경쟁 2.제한경쟁 3.지명경쟁 4.수의계약 5.방침계약 6.기타 ( ) 7.해당없음	계약기간 1.1년 2.2년 3.3년 4.4년 5.5년 6.기타 ( )년 7.해당없음	낙찰자선정방법 (수의계약 시 해당없음) 1.기술제안협의입찰 2.적격심사 3.협의의향계약 4.최저가낙찰제 5.규격가격분리 6.2단계 경쟁입찰 7.기타 ( ) 8.해당없음	성과평가 실시 여부 1.실시 2.미실시 3.향후 추진 4.해당없음	성과평가 주기 1.매년 2.격년 3.기타 ( ) 4.해당없음	성과평가 실시 방법 1.지자체 자체평가 2.상·하수도 협회 의뢰 3.기타 ( ) 4.해당없음	평가기준 적용방법 1.운영자 자체 적용 2.운영자 지원 +지역여건반영 3.전문 평가기관 의뢰 4.기타 ( ) 5.해당없음	실적 인센티브 및 패널티 적용 유무 1.매년 적용 2.적용 안함 3.기타 ( ) 4.해당없음	인센티브 및 패널티 적용근거 1.조례 2.계약서 3.지침 4.기타 ( ) 5.해당없음
491	경남 고성군	2	가조정수시설	3,300	-	4	9	1,412,746	4	4	7	7	8	4	4	4	5	4	5
492	경남 고성군	2	하면정수시설	800	-	4	9		4	4	7	7	8	4	4	4	5	4	5
493	경남 고성군	1	천사취수원	900	-	4	9		4	4	7	7	8	4	4	4	5	4	5
494	경남 고성군	2	동명정수시설	800	-	4	9		4	4	7	7	8	4	4	4	5	4	5
495	경남 고성군	3	상수도관	437	-	4	7	1,688,450	4	4	7	7	8	4	4	4	5	4	5
496	경남 고성군	2	합천정수장	10,000	-	1	4		4	4	7	7	8	4	4	4	5	4	5
497	경남 고성군	2	운정정수장	3,500	-	1	3		4	4	7	7	8	4	4	4	5	4	5
498	경남 고성군	2	가회	2,200	-	1	3		4	4	7	7	8	4	4	4	5	4	5
499	경남 고성군	2	용주취수장	700	-	1	4		4	4	7	7	8	4	4	4	5	4	5
500	경남 고성군	1	합천취수장	12,650	-	1	4	11,648,761	4	4	7	7	8	4	4	4	5	4	5
501	경남 고성군	3	관로	-	428	1	10		4	4	7	7	8	4	4	4	5	4	5
502	경남 고성군	3	관수송	-	6	1	10		4	4	7	7	8	4	4	4	5	4	5
503	경남 고성군	3	관수봉	-	244	1	10		4	4	7	7	8	4	4	4	5	4	5
504	경남 고성군	3	관수봉	-	168	1	10		4	4	7	7	8	4	4	4	5	4	5
505	제주특별자치도	2	용강	25,000	-	1	8		4	4	7	7	8	4	4	4	5	4	5
506	제주특별자치도	2	구좌	19,000	-	1	4		4	4	7	7	8	4	4	4	5	4	5
507	제주특별자치도	2	어음	7,500	-	1	-		4	4	7	7	8	4	4	4	5	4	5
508	제주특별자치도	2	한림	37,000	-	1	7		4	4	7	7	8	4	4	4	5	4	5
509	제주특별자치도	2	도련	10,000	-	1	4		4	4	7	7	8	4	4	4	5	4	5
510	제주특별자치도	2	별도봉	35,000	-	1	3		4	4	7	7	8	4	4	4	5	4	5
511	제주특별자치도	2	월산	32,500	-	1	4		4	4	7	7	8	4	4	4	5	4	5
512	제주특별자치도	2	토평	23,000	-	1	4		4	4	7	7	8	4	4	4	5	4	5
513	제주특별자치도	2	강정	15,000	-	1	6		4	4	7	7	8	4	4	4	5	4	5
514	제주특별자치도	2	회수	15,000	-	1	4		4	4	7	7	8	4	4	4	5	4	5
515	제주특별자치도	2	회수분	24,000	-	1	5		4	4	7	7	8	4	4	4	5	4	5
516	제주특별자치도	2	남원	32,000	-	1	6		4	4	7	7	8	4	4	4	5	4	5
517	제주특별자치도	2	조천	37,000	-	1	-		4	4	7	7	8	4	4	4	5	4	5
518	제주특별자치도	2	동동	4,000	-	1	5		4	4	7	7	8	4	4	4	5	4	5
519	제주특별자치도	2	회미	10,000	-	1	4		4	4	7	7	8	4	4	4	5	4	5
520	제주특별자치도	2	수해	16,000	-	1	5		4	4	7	7	8	4	4	4	5	4	5
521	제주특별자치도	2	추자	1,500	-	1	1		4	4	7	7	8	4	4	4	5	4	5
522	제주특별자치도	2	회수정수장	25,000	-	1	1		4	4	7	7	8	4	4	4	5	4	5
523	제주특별자치도	1	회수원	9,280	-	1	1		4	4	7	7	8	4	4	4	5	4	5
524	제주특별자치도	1	회수원여과	10,800	-	1	1		4	4	7	7	8	4	4	4	5	4	5
525	제주특별자치도	1	용흥	35,000	-	1	1		4	4	7	7	8	4	4	4	5	4	5
526	제주특별자치도	1	성읍1수원	15,000	-	1	1		4	4	7	7	8	4	4	4	5	4	5
527	제주특별자치도	1	성읍2수원	12,500	-	1	1		4	4	7	7	8	4	4	4	5	4	5
528	제주특별자치도	1	성가정수원	12,000	-	1	1		4	4	7	7	8	4	4	4	5	4	5

순번	시도구	시설의종류 1. 취수시설 2. 정수시설 3. 관로 4. 기타 ( )	시설명	시설용량 (시설용량 ㎥(톤)/일)	관로연장 (관로연장은 km 단위)	상수도시설 운영주체 1. 직영 2. 공사, 공단 3. 민간기업 4. 기타 *운용시 중복 가입	운영인원 합계 (명)	운영비용 (단위:천원 /1년간) *직영시 운영예산 기입	예산편성 항목 1. 인건비급 (307-05) 2. 공공관리에 대한 경상적 위탁사업비 (308-13) 3. 민간위탁사업비(402-03) 4. 직영 5. 기타 (비해당 기입)	운영예산 산정 방법 1. 지자체 자체 산정 2. 전문 기관에 의뢰 3. 기타 ( ) 4. 해당없음 *직영시 비기입	계약방식 계약체결방법 (경쟁률) 1. 일반경쟁 2. 제한경쟁 3. 지명경쟁 4. 수의계약 5. 방법혼택 6. 기타 ( ) 7. 해당없음	계약기간 1. 1년 2. 2년 3. 3년 4. 4년 5. 5년 6. 기타 (1년 7. 해당없음	낙찰자선정방법 (수의계약 시 해당없음) 1. 기술제안입찰 2. 적격심사 3. 협상에의한계약 4. 최저가낙찰제 5. 규격가격분리 6. 2단계 경쟁입찰 7. 기타 ( ) 8. 해당없음	성과평가 실시 여부 1. 실시 2. 미실시 3. 향후 추진 4. 해당없음	성과평가 주기 1. 매년 2. 격년 3. 기타 ( ) 4. 해당없음	성과평가 실시 방법 1. 지자체 자체평가 2. 상하수도 협회 의뢰 3. 기타 ( ) 4. 해당없음	평가기준 적용방법 1. 환경부 지침 적용 2. 환경부 지침 + 지역여건반영 3. 전문 평가기관 의뢰 4. 기타 ( ) 5. 해당없음	실적 인센티브 및 페널티 적용 1. 페널 적용 2. 적용 않함 3. 기타 ( ) 4. 해당없음	인센티브 및 페널티 적용근거 1. 조례 2. 계약서 3. 지침 4. 기타 ( ) 5. 해당없음
529	제주특별자치도	1	상위광역수원	16,800	-	1	1		4	4	7	7	8	4	4	4	5	4	5
530	제주특별자치도	1	삼매광역수원	9,220	-	1	1		4	4	7	7	8	4	4	4	5	4	5
531	제주특별자치도	1	상예수원 대체수	1,700	-	1	1		4	4	7	7	8	4	4	4	5	4	5
532	제주특별자치도	1	서홍광역수원	19,450	-	1	1		4	4	7	7	8	4	4	4	5	4	5
533	제주특별자치도	1	신흥광역수원	12,000	-	1	1		4	4	7	7	8	4	4	4	5	4	5
534	제주특별자치도	1	신흥광역수원	12,000	-	1	1		4	4	7	7	8	4	4	4	5	4	5
535	제주특별자치도	1	신흥2광역수원	12,000	-	1	1		4	4	7	7	8	4	4	4	5	4	5
536	제주특별자치도	1	이승광역수원	15,000	-	1	1		4	4	7	7	8	4	4	4	5	4	5
537	제주특별자치도	1	어음광역수원	7,200	-	1	1		4	4	7	7	8	4	4	4	5	4	5
538	제주특별자치도	1	옹포수원	20,000	-	1	1		4	4	7	7	8	4	4	4	5	4	5
539	제주특별자치도	1	의귀광역수원	10,700	-	1	1		4	4	7	7	8	4	4	4	5	4	5
540	제주특별자치도	1	의도수원	14,000	-	1	1		4	4	7	7	8	4	4	4	5	4	5
541	제주특별자치도	1	용담수원	15,000	-	1	1		4	4	7	7	8	4	4	4	5	4	5
542	제주특별자치도	1	의귀광역수원	12,000	-	1	1		4	4	7	7	8	4	4	4	5	4	5
543	제주특별자치도	1	의귀2광역수원	12,000	-	1	1		4	4	7	7	8	4	4	4	5	4	5
544	제주특별자치도	1	의귀수원	10,000	-	1	1		4	4	7	7	8	4	4	4	5	4	5
545	제주특별자치도	1	우수일(정)광역수원	12,000	-	1	1		4	4	7	7	8	4	4	4	5	4	5
546	제주특별자치도	1	저지광역수원	19,450	-	1	1		4	4	7	7	8	4	4	4	5	4	5
547	제주특별자치도	1	추자3	1,500	-	1	1		4	4	7	7	8	4	4	4	5	4	5
548	제주특별자치도	1	추자광역수원	100,000	-	1	1	37,174,100	4	4	7	7	8	4	4	4	5	4	5
549	제주특별자치도	1	토평광역수원	6,200	-	1	1		4	4	7	7	8	4	4	4	5	4	5
550	제주특별자치도	1	함덕광역수원	12,000	-	1	1		4	4	7	7	8	4	4	4	5	4	5
551	제주특별자치도	1	행원1광역수원	12,000	-	1	1		4	4	7	7	8	4	4	4	5	4	5
552	제주특별자치도	1	행원2광역수원	12,000	-	1	1		4	4	7	7	8	4	4	4	5	4	5
553	제주특별자치도	1	회천광역수원	9,600	-	1	1		4	4	7	7	8	4	4	4	5	4	5
554	제주특별자치도	1	회천광역수원	12,500	-	1	1		4	4	7	7	8	4	4	4	5	4	5
555	제주특별자치도	1	서홍수원(가시머리)	1,000	-	1	1		4	4	7	7	8	4	4	4	5	4	5
556	제주특별자치도	1	(문화의도0-239)	1,000	-	1	1		4	4	7	7	8	4	4	4	5	4	5
557	제주특별자치도	1	회수1호공(법정사)	900	-	1	1		4	4	7	7	8	4	4	4	5	4	5
558	제주특별자치도	1	회수1호공(we호텔)	1,000	-	1	1		4	4	7	7	8	4	4	4	5	4	5
559	제주특별자치도	1	예월수원1호공	1,000	-	1	1		4	4	7	7	8	4	4	4	5	4	5
560	제주특별자치도	1	예월수원1호공	1,000	-	1	1		4	4	7	7	8	4	4	4	5	4	5
561	제주특별자치도	1	대포지구3호공	1,000	-	1	1		4	4	7	7	8	4	4	4	5	4	5
562	제주특별자치도	1	대포지구2호공	1,000	-	1	1		4	4	7	7	8	4	4	4	5	4	5
563	제주특별자치도	1	대포지구1호공	1,000	-	1	1		4	4	7	7	8	4	4	4	5	4	5
564	제주특별자치도	1	대포지구4호공	1,000	-	1	1		4	4	7	7	8	4	4	4	5	4	5
565	제주특별자치도	1	조천지구4호공	2,000	-	1	1		4	4	7	7	8	4	4	4	5	4	5
566	제주특별자치도	1	자원이광역수원	12,600	-	1	1		4	4	7	7	8	4	4	4	5	4	5

순번	시도구	시설의종류 1.취수시설 2.정수시설 3.관로 4.기타( )	시설명	시설용량 (시설용량은 m³/일)	관로연장 (관로연장은 km 단위)	상수도시설 운영주체 1.직영 2.공사, 공단 3.민간기업 4.기타 *운영시 중복 가입	운영인력 합계 (명)	운영비용 (단위:천원 /1년간) *직영시 운영산 기 입	예산편성 비목 1.인건비목 (307-05) 2.공기관등에 대한 경상 위탁사업비 (308-13) 3.민간위탁금비(402-03) 4.직영 5.기타 (비목명 기입)	운영책선 선정 방법 1.지자체 자체 선정 2.전문 기관에 의뢰 3.기타 ( ) 4.해당없음 *직영시 미기입	계약체결행태 (경쟁형태) 1.표는 방영경쟁 2.제한경쟁 3.지명경쟁 4.수의계약 5.범방제약 6.기타 ( ) 7.해당없음	계약기간 1.1년 2.2년 3.3년 4.4년 5.5년 6.기타 (1년 7.해당없음	낙찰자선정방법 (수의계약 시 해당없음) 1.기술가격처리입찰 2.적격심사 3.협상에 의한 계약 4.최저가낙찰제 5.규격가격별 6.2단계 경쟁입찰 7.기타 ( ) 8.해당없음	성과평가 실시 여부 1.실시 2.미실시 3.향후 추진 4.해당없음	성과평가 주기 1.1년 2.2년 3.기타 ( ) 4.해당없음	성과평가 실시 방법 1.자체평가 2.지자체 자체평가 3.상하수도 협회 의뢰 3.기타 ( ) 4.해당없음	평가기준 적용방법 1.환경부 지침 적용 2.환경부 지침 +지역여건반영 3.전문 평가기관 의뢰 4.기타 ( ) 5.해당없음	실제 인센티브 및 페널티 적용 유무 1.페널티 적용 2.인센티브 적용 3.적용 안함 4.해당없음	인센티브 및 페널티 적용근거 1.조례 2.계약서 3.지침 4.기타 ( ) 5.해당없음
567	제주특별자치도	1	96도한1 도관5호	1,500	-	1	1		4	4	7	7	8	4	4	4	5	4	5
568	제주특별자치도	1	구좌지구2호공	1,000	-	1	1		4	4	7	7	8	4	4	4	5	4	5
569	제주특별자치도	1	96도한2 도관4호	1,500	-	1	1		4	4	7	7	8	4	4	4	5	4	5
570	제주특별자치도	1	96도한3 도관3호	1,500	-	1	1		4	4	7	7	8	4	4	4	5	4	5
571	제주특별자치도	1	부엉1	900	-	1	1		4	4	7	7	8	4	4	4	5	4	5
572	제주특별자치도	1	성귀 D-136	850	-	1	1		4	4	7	7	8	4	4	4	5	4	5
573	제주특별자치도	1	도민1호 D-013	1,000	-	1	1		4	4	7	7	8	4	4	4	5	4	5
574	제주특별자치도	1	도민2호 D-126	1,000	-	1	1		4	4	7	7	8	4	4	4	5	4	5
575	제주특별자치도	1	예월정수용3호공	1,000	-	1	1		4	4	7	7	8	4	4	4	5	4	5
576	제주특별자치도	1	용장지구3호공	700	-	1	1		4	4	7	7	8	4	4	4	5	4	5
577	제주특별자치도	1	용장지구1호공	700	-	1	1		4	4	7	7	8	4	4	4	5	4	5
578	제주특별자치도	1	용장지구2호공	600	-	1	1		4	4	7	7	8	4	4	4	5	4	5
579	제주특별자치도	1	이송생지구1호공	500	-	1	1		4	4	7	7	8	4	4	4	5	4	5
580	제주특별자치도	1	이송생지구2호공	500	-	1	1		4	4	7	7	8	4	4	4	5	4	5
581	제주특별자치도	1	서홍지구2호공	1,000	-	1	1		4	4	7	7	8	4	4	4	5	4	5
582	제주특별자치도	1	서홍지구2호공	850	-	1	1		4	4	7	7	8	4	4	4	5	4	5
583	제주특별자치도	1	구좌지구1호공	1,000	-	1	1		4	4	7	7	8	4	4	4	5	4	5
584	제주특별자치도	1	구좌지구3호공	1,000	-	1	1		4	4	7	7	8	4	4	4	5	4	5
585	제주특별자치도	1	예월정수용4호공	1,000	-	1	1		4	4	7	7	8	4	4	4	5	4	5
586	제주특별자치도	1	성인지구1호공	3,500	-	1	1		4	4	7	7	8	4	4	4	5	4	5
587	제주특별자치도	1	성인지구2호공	3,500	-	1	1		4	4	7	7	8	4	4	4	5	4	5
588	제주특별자치도	1	성인지구3호공	3,500	-	1	1		4	4	7	7	8	4	4	4	5	4	5
589	제주특별자치도	1	금산수원공1호	1,000	-	1	1		4	4	7	7	8	4	4	4	5	4	5
590	제주특별자치도	1	금산수원공2호	1,000	-	1	1		4	4	7	7	8	4	4	4	5	4	5
591	제주특별자치도	1	서홍지구1호공	1,000	-	1	1		4	4	7	7	8	4	4	4	5	4	5
592	제주특별자치도	1	서홍지구2호공	1,000	-	1	1		4	4	7	7	8	4	4	4	5	4	5
593	제주특별자치도	1	서홍지구3호공	1,000	-	1	1		4	4	7	7	8	4	4	4	5	4	5
594	제주특별자치도	1	서홍지구4호공	1,000	-	1	1		4	4	7	7	8	4	4	4	5	4	5
595	제주특별자치도	1	서홍지구5호공	1,000	-	1	1		4	4	7	7	8	4	4	4	5	4	5
596	제주특별자치도	1	서홍지구6호공	1,000	-	1	1		4	4	7	7	8	4	4	4	5	4	5
597	제주특별자치도	1	서홍지구7호공	1,000	-	1	1		4	4	7	7	8	4	4	4	5	4	5
598	제주특별자치도	1	서홍지구8호공	1,000	-	1	1		4	4	7	7	8	4	4	4	5	4	5
599	제주특별자치도	3	도수관	76	-	1	8		4	4	7	7	8	4	4	4	5	4	5
600	제주특별자치도	3	송수관	502	-	1	8	4,600,000	4	4	7	7	8	4	4	4	5	4	5
601	제주특별자치도	3	배수관	2,005	-	1	26		4	4	7	7	8	4	4	4	5	4	5
602	제주특별자치도	3	급수관	3,321	-	1	26	1,850,800	4	4	7	7	8	4	4	4	5	4	5

배 성 기 (裵 成 基)

| 약력 |

現 공공서비스연구원 원장, 한국민간위탁연구소 소장, 한국공공서비스연구소 소장, 한국사회적가치연구소 소장,
   한국지방의정연구소 소장, 단국대학교 경영학 박사, 가천대학교 회계학 석사
現 단국대학교 경영학과 외래교수
現 파주시청 민간위탁 운영심의위원, 은평구청 민간위탁 적정성운영위원
現 중랑구의회 의정자문위원, 한국의정연구회 지방의회연구소 초빙교수
現 송파구 민간위탁 운영평가위원, 사회적기업 육성 위원
現 성북구 사회적경제 육성위원, 성북민관협치 운영위원
現 국민권익위원회 부패영향평가 자문위원
現 가천대학교 사회적기업과고용관계연구소 비상임 선임연구원
現 에코아이 지속가능경영연구소 비상임 소장
現 (재)현대산업경제연구원 비상임 연구원
前 서울시 민간위탁 원가분석 자문위원
前 단국대학교 경제학과 외래교수

| 주요 연구수행실적 |

「정부 및 지자체 등으로부터 위탁받은 사업 매뉴얼 구축 용역」
「2017년 재정사업 성과평가 용역(산림자원육성)」
「농림축산식품 정보화사업 성과관리체계 구축 연구」
「자동차전용도로 효율적 관리를 위한 직무분석 용역」
「산림문화휴양촌 관리운영 방안 수립 연구 용역」
「생활폐기물 수집·운반 및 처리시설 민간위탁 타당성 및 운영효율화 방안」
「산업단지 폐수처리시설 민간위탁 타당성 및 운영효율화 방안」
「종합사회복지관 민간위탁 타당성 및 운영효율화 방안」
「장애인복지관 민간위탁 타당성 및 운영효율화 방안」
「노인종합복지관 민간위탁 타당성 및 운영효율화 방안」
「아동·청소년시설 민간위탁 타당성 및 운영효율화 방안」
「소각장 민간위탁 타당성 및 운영효율화 방안」
「자동집하시설 민간위탁 타당성 및 운영효율화 방안」
「가로등관리 민간위탁 타당성 및 운영효율화 방안」
「공원관리 민간위탁 타당성 및 운영효율화 방안」
「문화예술체육시설 운영관리 민간위탁 타당성 및 운영효율화 방안」 외 다수

| 주요 저술실적 |

저서 : 지방자치단체 민간위탁 운영관리메뉴얼 Ⅰ,Ⅱ,Ⅲ권, 민간위탁 원가산정, 공공관리와 성과,
       민간위탁 조례 및 계약 관리 방안, 하수처리시설 민간위탁 서비스 평가, 공공하수도시설 민간위탁 서비스 경영,
       생활폐기물 수집·운반 및 처리시설 민간위탁 서비스 경영 등
번역 : OECD 정부기능 및 정부서비스 민간위탁 외 4권
논문 : 민간위탁서비스 핵심운영요인이 운영성과에 미치는 영향에 관한 실증 연구(2014) 등 3개
발표 : 한국생산관리학회, 한국구매조달학회, 한국관광경영학회 등 다수

KCOMI 발간도서 소개

민간위탁 통계

KCOMI 통계
2025 전국 지방자치단체 민·관 협업사무 운영 현황 I
민간위탁금(307-05)
사회복지시설법정운영비보조(307-10)
민간인위탁교육비(307-12)
공기관등에대한경상적대행사업비(308-10)

본 도서는 전국 17개 광역자치단체를 포함한 243개 지방자치단체의 2021년 민관 협업사무 운영 현황으로서 국내에서 유일하게 전국 민관 협업사무 운영 현황을 파악할 수 있는 자료이다. 해당 시리즈는 총 3권으로 제작되었다.

배성기 지음
한국민간위탁경영구소
2025년 3월 출간

KCOMI 통계
2025 전국 지방자치단체 민·관 협업사무 운영 현황 II
민간위탁금(307-05)
사회복지시설법정운영비보조(307-10)
민간인위탁교육비(307-12)
공기관등에대한경상적대행사업비(308-10)

본 도서는 전국 17개 광역자치단체를 포함한 243개 지방자치단체의 2021년 민관 협업사무 운영 현황으로서 국내에서 유일하게 전국 민관 협업사무 운영 현황을 파악할 수 있는 자료이다. 해당 시리즈는 총 3권으로 제작되었다.

배성기 지음
한국민간위탁경영구소
2025년 3월 출간

KCOMI 통계
2025 전국 지방자치단체 민·관 협업사무 운영 현황 III
민간위탁금(307-05)
사회복지시설법정운영비보조(307-10)
민간인위탁교육비(307-12)
공기관등에대한경상적대행사업비(308-10)

본 도서는 전국 17개 광역자치단체를 포함한 243개 지방자치단체의 2021년 민관 협업사무 운영 현황으로서 국내에서 유일하게 전국 민관 협업사무 운영 현황을 파악할 수 있는 자료이다. 해당 시리즈는 총 3권으로 제작되었다.

배성기 지음
한국민간위탁경영구소
2025년 3월 출간

KCOMI 통계
2024 전국 지방자치단체 중간지원조직 위탁 운영현황
민간위탁금(307-05)
사회복지시설법정운영비보조(307-10)
민간인위탁교육비(307-12)
공기관등에대한경상적대행사업비(308-10)

본 도서는 전국 17개 광역자치단체를 포함한 243개 지방자치단체의 2021년 민관 협업사무 운영 현황으로서 국내에서 유일하게 전국 민관 협업사무 운영 현황을 파악할 수 있는 자료이다.

배성기 지음
한국민간위탁경영구소
2024년 10월 출간

KCOMI 통계
2024 전국 지방자치단체 정보화사업 추진현황

민간위탁금(307-05)
사회복지시설법정운영비보조(307-10)
민간인위탁교육비(307-12)
공기관등에대한경상적대행사업비(308-10)

본 도서는 전국 17개 광역자치단체를 포함한 243개 지방자치단체의 2021년 민관 협업사무 운영 현황으로서 국내에서 유일하게 전국 민관 협업사무 운영 현황을 파악할 수 있는 자료이다.

배성기 지음
한국민간위탁경영구소
2024년 10월 출간

KCOMI 통계
2024 전국 지방자치단체 사회복지시설 운영현황

민간위탁금(307-05)
사회복지시설법정운영비보조(307-10)
민간인위탁교육비(307-12)
공기관등에대한경상적대행사업비(308-10)

본 도서는 전국 17개 광역자치단체를 포함한 243개 지방자치단체의 2021년 민관 협업사무 운영 현황으로서 국내에서 유일하게 전국 민관 협업사무 운영 현황을 파악할 수 있는 자료이다.

배성기 지음
한국민간위탁경영구소
2024년 10월 출간

KCOMI 통계
2024 전국 지방자치단체 평생교육시설 운영현황

민간위탁금(307-05)
사회복지시설법정운영비보조(307-10)
민간인위탁교육비(307-12)
공기관등에대한경상적대행사업비(308-10)

본 도서는 전국 17개 광역자치단체를 포함한 243개 지방자치단체의 2021년 민관 협업사무 운영 현황으로서 국내에서 유일하게 전국 민관 협업사무 운영 현황을 파악할 수 있는 자료이다.

배성기 지음
한국민간위탁경영구소
2024년 10월 출간

KCOMI 통계
2024 전국 지방자치단체 청소년수련시설 운영현황

민간위탁금(307-05)
사회복지시설법정운영비보조(307-10)
민간인위탁교육비(307-12)
공기관등에대한경상적대행사업비(308-10)

본 도서는 전국 17개 광역자치단체를 포함한 243개 지방자치단체의 2021년 민관 협업사무 운영 현황으로서 국내에서 유일하게 전국 민관 협업사무 운영 현황을 파악할 수 있는 자료이다.

배성기 지음
한국민간위탁경영구소
2024년 10월 출간

KCOMI 통계
2024 전국 지방자치단체 문화예술시설 운영현황

민간위탁금(307-05)
사회복지시설법정운영비보조(307-10)
민간인위탁교육비(307-12)
공기관등에대한경상적대행사업비(308-10)

본 도서는 전국 17개 광역자치단체를 포함한 243개 지방자치단체의 2021년 민관 협업사무 운영 현황으로서 국내에서 유일하게 전국 민관 협업사무 운영 현황을 파악할 수 있는 자료이다.

배성기 지음
한국민간위탁경영구소
2024년 10월 출간

KCOMI 통계
2024 전국 지방자치단체 관광시설 운영현황

민간위탁금(307-05)
사회복지시설법정운영비보조(307-10)
민간인위탁교육비(307-12)
공기관등에대한경상적대행사업비(308-10)

본 도서는 전국 17개 광역자치단체를 포함한 243개 지방자치단체의 2021년 민관 협업사무 운영 현황으로서 국내에서 유일하게 전국 민관 협업사무 운영 현황을 파악할 수 있는 자료이다.

배성기 지음
한국민간위탁경영구소
2024년 10월 출간

KCOMI 통계
2024 전국 지방자치단체 체육시설 운영현황

민간위탁금(307-05)
사회복지시설법정운영비보조(307-10)
민간인위탁교육비(307-12)
공기관등에대한경상적대행사업비(308-10)

본 도서는 전국 17개 광역자치단체를 포함한 243개 지방자치단체의 2021년 민관 협업사무 운영 현황으로서 국내에서 유일하게 전국 민관 협업사무 운영 현황을 파악할 수 있는 자료이다.

배성기 지음
한국민간위탁경영구소
2024년 10월 출간

KCOMI 통계
2024 전국 지방자치단체 민원콜센터 운영현황

민간위탁금(307-05)
사회복지시설법정운영비보조(307-10)
민간인위탁교육비(307-12)
공기관등에대한경상적대행사업비(308-10)

본 도서는 전국 17개 광역자치단체를 포함한 243개 지방자치단체의 2021년 민관 협업사무 운영 현황으로서 국내에서 유일하게 전국 민관 협업사무 운영 현황을 파악할 수 있는 자료이다.

배성기 지음
한국민간위탁경영구소
2024년 10월 출간

KCOMI 통계
2024 전국 지방자치단체 폐기물처리시설 운영현황

민간위탁금(307-05)
사회복지시설법정운영비보조(307-10)
민간인위탁교육비(307-12)
공기관등에대한경상적대행사업비(308-10)

본 도서는 전국 17개 광역자치단체를 포함한 243개 지방자치단체의 2021년 민관 협업사무 운영 현황으로서 국내에서 유일하게 전국 민관 협업사무 운영 현황을 파악할 수 있는 자료이다.

배성기 지음
한국민간위탁경영구소
2024년 10월 출간

KCOMI 통계
2024 전국 지방자치단체 생활폐기물 수집운반 운영현황

민간위탁금(307-05)
사회복지시설법정운영비보조(307-10)
민간인위탁교육비(307-12)
공기관등에대한경상적대행사업비(308-10)

본 도서는 전국 17개 광역자치단체를 포함한 243개 지방자치단체의 2021년 민관 협업사무 운영 현황으로서 국내에서 유일하게 전국 민관 협업사무 운영 현황을 파악할 수 있는 자료이다.

배성기 지음
한국민간위탁경영구소
2024년 10월 출간

KCOMI 통계
2024 전국 지방자치단체 상수도시설 운영현황

민간위탁금(307-05)
사회복지시설법정운영비보조(307-10)
민간인위탁교육비(307-12)
공기관등에대한경상적대행사업비(308-10)

본 도서는 전국 17개 광역자치단체를 포함한 243개 지방자치단체의 2021년 민관 협업사무 운영 현황으로서 국내에서 유일하게 전국 민관 협업사무 운영 현황을 파악할 수 있는 자료이다.

배성기 지음
한국민간위탁경영구소
2024년 10월 출간

KCOMI 통계
2024 전국 지방자치단체 공공하수도시설 운영현황

민간위탁금(307-05)
사회복지시설법정운영비보조(307-10)
민간인위탁교육비(307-12)
공기관등에대한경상적대행사업비(308-10)

본 도서는 전국 17개 광역자치단체를 포함한 243개 지방자치단체의 2021년 민관 협업사무 운영 현황으로서 국내에서 유일하게 전국 민관 협업사무 운영 현황을 파악할 수 있는 자료이다.

배성기 지음
한국민간위탁경영구소
2024년 10월 출간

KCOMI 통계
2024 전국 지방자치단체 민·관 협업사무 운영 현황 I
민간위탁금(307-05)
사회복지시설법정운영비보조(307-10)
민간인위탁교육비(307-12)
공기관등에대한경상적대행사업비(308-10)

본 도서는 전국 17개 광역자치단체를 포함한 243개 지방자치단체의 2021년 민관 협업사무 운영 현황으로서 국내에서 유일하게 전국 민관 협업사무 운영 현황을 파악할 수 있는 자료이다. 해당 시리즈는 총 3권으로 제작되었다.

배성기 지음
한국민간위탁경영구소
2024년 2월 출간

KCOMI 통계
2024 전국 지방자치단체 민·관 협업사무 운영 현황 II
민간위탁금(307-05)
사회복지시설법정운영비보조(307-10)
민간인위탁교육비(307-12)
공기관등에대한경상적대행사업비(308-10)

본 도서는 전국 17개 광역자치단체를 포함한 243개 지방자치단체의 2021년 민관 협업사무 운영 현황으로서 국내에서 유일하게 전국 민관 협업사무 운영 현황을 파악할 수 있는 자료이다. 해당 시리즈는 총 3권으로 제작되었다.

배성기 지음
한국민간위탁경영구소
2024년 2월 출간

KCOMI 통계
2024 전국 지방자치단체 민·관 협업사무 운영 현황 III
민간위탁금(307-05)
사회복지시설법정운영비보조(307-10)
민간인위탁교육비(307-12)
공기관등에대한경상적대행사업비(308-10)

본 도서는 전국 17개 광역자치단체를 포함한 243개 지방자치단체의 2021년 민관 협업사무 운영 현황으로서 국내에서 유일하게 전국 민관 협업사무 운영 현황을 파악할 수 있는 자료이다. 해당 시리즈는 총 3권으로 제작되었다.

배성기 지음
한국민간위탁경영구소
2024년 2월 출간

KCOMI 통계
2024 중앙행정기관 행정사무 민간이전 운영현황
민간위탁금(307-05)
사회복지시설법정운영비보조(307-10)
민간인위탁교육비(307-12)
공기관등에대한경상적대행사업비(308-10)

본 도서는 전국 17개 광역자치단체를 포함한 243개 지방자치단체의 2021년 민관 협업사무 운영 현황으로서 국내에서 유일하게 전국 민관 협업사무 운영 현황을 파악할 수 있는 자료이다.

배성기 지음
한국민간위탁경영구소
2024년 2월 출간

KCOMI 통계
2023 전국 지방자치단체 민·관 협업사무 운영 현황 장애인 복지시설
민간위탁금(307-05)
사회복지시설법정운영비보조(307-10)
민간인위탁교육비(307-12)
공기관등에대한경상적대행사업비(308-10)

본 도서는 전국 17개 광역자치단체를 포함한 243개 지방자치단체의 2021년 민관 협업사무 운영 현황으로서 국내에서 유일하게 전국 민관 협업사무 운영 현황을 파악할 수 있는 자료이다.

배성기 지음
한국민간위탁경영구소
2023년 10월 출간

KCOMI 통계
2023 전국 지방자치단체 민·관 협업사무 운영 현황 청소년 수련시설
민간위탁금(307-05)
사회복지시설법정운영비보조(307-10)
민간인위탁교육비(307-12)
공기관등에대한경상적대행사업비(308-10)

본 도서는 전국 17개 광역자치단체를 포함한 243개 지방자치단체의 2021년 민관 협업사무 운영 현황으로서 국내에서 유일하게 전국 민관 협업사무 운영 현황을 파악할 수 있는 자료이다.

배성기 지음
한국민간위탁경영구소
2023년 10월 출간

KCOMI 통계
2023 전국 지방자치단체
민·관 협업사무 운영 현황 주차장
민간위탁금(307-05)
사회복지시설법정운영비보조(307-10)
민간인위탁교육비(307-12)
공기관등에대한경상적대행사업비(308-10)

본 도서는 전국 17개 광역자치단체를 포함한 243개 지방자치단체의 2021년 민관 협업사무 운영 현황으로서 국내에서 유일하게 전국 민관 협업사무 운영 현황을 파악할 수 있는 자료이다.

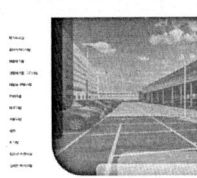

배성기 지음
한국민간위탁경영구소
2023년 10월 출간

KCOMI 통계
2023 전국 지방자치단체
민·관 협업사무 운영 현황 공원
민간위탁금(307-05)
사회복지시설법정운영비보조(307-10)
민간인위탁교육비(307-12)
공기관등에대한경상적대행사업비(308-10)

본 도서는 전국 17개 광역자치단체를 포함한 243개 지방자치단체의 2021년 민관 협업사무 운영 현황으로서 국내에서 유일하게 전국 민관 협업사무 운영 현황을 파악할 수 있는 자료이다.

배성기 지음
한국민간위탁경영구소
2023년 10월 출간

KCOMI 통계
2023 전국 지방자치단체
민·관 협업사무 운영 현황 관광시설
민간위탁금(307-05)
사회복지시설법정운영비보조(307-10)
민간인위탁교육비(307-12)
공기관등에대한경상적대행사업비(308-10)

본 도서는 전국 17개 광역자치단체를 포함한 243개 지방자치단체의 2021년 민관 협업사무 운영 현황으로서 국내에서 유일하게 전국 민관 협업사무 운영 현황을 파악할 수 있는 자료이다.

배성기 지음
한국민간위탁경영구소
2023년 10월 출간

KCOMI 통계
2023 전국 지방자치단체
민·관 협업사무 운영 현황 문화예술
민간위탁금(307-05)
사회복지시설법정운영비보조(307-10)
민간인위탁교육비(307-12)
공기관등에대한경상적대행사업비(308-10)

본 도서는 전국 17개 광역자치단체를 포함한 243개 지방자치단체의 2021년 민관 협업사무 운영 현황으로서 국내에서 유일하게 전국 민관 협업사무 운영 현황을 파악할 수 있는 자료이다.

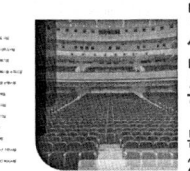

배성기 지음
한국민간위탁경영구소
2023년 10월 출간

KCOMI 통계
2023 전국 지방자치단체
민·관 협업사무 운영 현황
재활용 선별시설
민간위탁금(307-05)
사회복지시설법정운영비보조(307-10)
민간인위탁교육비(307-12)
공기관등에대한경상적대행사업비(308-10)

본 도서는 전국 17개 광역자치단체를 포함한 243개 지방자치단체의 2021년 민관 협업사무 운영 현황으로서 국내에서 유일하게 전국 민관 협업사무 운영 현황을 파악할 수 있는 자료이다.

배성기 지음
한국민간위탁경영구소
2023년 10월 출간

KCOMI 통계
2023 전국 지방자치단체
민·관 협업사무 운영 현황
생활폐기물 소각시설
민간위탁금(307-05)
사회복지시설법정운영비보조(307-10)
민간인위탁교육비(307-12)
공기관등에대한경상적대행사업비(308-10)

본 도서는 전국 17개 광역자치단체를 포함한 243개 지방자치단체의 2021년 민관 협업사무 운영 현황으로서 국내에서 유일하게 전국 민관 협업사무 운영 현황을 파악할 수 있는 자료이다.

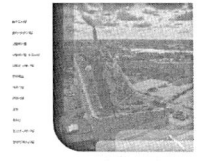

배성기 지음
한국민간위탁경영구소
2023년 10월 출간

KCOMI 통계
2023 전국 지방자치단체 민·관 협업사무 운영 현황 생활폐기물

민간위탁금(307-05)
사회복지시설법정운영비보조(307-10)
민간인위탁교육비(307-12)
공기관등에대한경상적대행사업비(308-10)

본 도서는 전국 17개 광역자치단체를 포함한 243개 지방자치단체의 2021년 민관 협업사무 운영 현황으로서 국내에서 유일하게 전국 민관 협업사무 운영 현황을 파악할 수 있는 자료이다.

배성기 지음
한국민간위탁경영구소
2023년 10월 출간

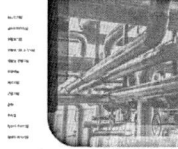

KCOMI 통계
2023 전국 지방자치단체 민·관 협업사무 운영 현황 슬러지처리시설

민간위탁금(307-05)
사회복지시설법정운영비보조(307-10)
민간인위탁교육비(307-12)
공기관등에대한경상적대행사업비(308-10)

본 도서는 전국 17개 광역자치단체를 포함한 243개 지방자치단체의 2021년 민관 협업사무 운영 현황으로서 국내에서 유일하게 전국 민관 협업사무 운영 현황을 파악할 수 있는 자료이다.

배성기 지음
한국민간위탁경영구소
2023년 10월 출간

KCOMI 통계
2023 전국 지방자치단체 민·관 협업사무 운영 현황 하수도시설

민간경상사업보조(307-02)
민간단체법정운영비보조(307-03)
민간행사사업보조(307-04)

본 도서는 전국 17개 광역자치단체를 포함한 243개 지방자치단체의 2021년 민관 협업사무 운영 현황으로서 국내에서 유일하게 전국 민관 협업사무 운영 현황을 파악할 수 있는 자료이다.

배성기 지음
한국민간위탁경영구소
2023년 10월 출간

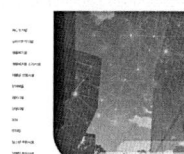

KCOMI 통계
2023 전국 지방자치단체 민·관 협업사무 운영 현황 통합본

민간위탁금(307-05)
사회복지시설법정운영비보조(307-10)
민간인위탁교육비(307-12)
공기관등에대한경상적대행사업비(308-10)

본 도서는 전국 17개 광역자치단체를 포함한 243개 지방자치단체의 2021년 민관 협업사무 운영 현황으로서 국내에서 유일하게 전국 민관 협업사무 운영 현황을 파악할 수 있는 자료이다.

배성기 지음
한국민간위탁경영구소
2023년 10월 출간

KCOMI 통계
2023 중앙행정기관 행정사무 민간이전 운영현황

민간경상사업보조(307-02)
민간단체법정운영비보조(307-03)
민간행사사업보조(307-04)

본 도서는 전국 17개 광역자치단체를 포함한 243개 지방자치단체의 2021년 민관 협업사무 운영 현황으로서 국내에서 유일하게 전국 민관 협업사무 운영 현황을 파악할 수 있는 자료이다.

배성기 지음
한국민간위탁경영구소
2023년 2월 출간

KCOMI 통계
2023 공공기관 민간위탁 운영 현황

민간위탁금(307-05)
사회복지시설법정운영비보조(307-10)
민간인위탁교육비(307-12)
공기관등에대한경상적대행사업비(308-10)

본 도서는 전국 17개 광역자치단체를 포함한 243개 지방자치단체의 2021년 민관 협업사무 운영 현황으로서 국내에서 유일하게 전국 민관 협업사무 운영 현황을 파악할 수 있는 자료이다.

배성기 지음
한국민간위탁경영구소
2023년 2월 출간

KCOMI 통계
2023 전국 지방자치단체 민·관 협업사무 운영 현황 I
민간경상사업보조(307-02)
민간단체법정운영비보조(307-03)
민간행사사업보조(307-04)

본 도서는 전국 17개 광역자치단체를 포함한 243개 지방자치단체의 2021년 민관 협업사무 운영 현황으로서 국내에서 유일하게 전국 민관 협업사무 운영 현황을 파악할 수 있는 자료이다. 해당 시리즈는 총 3권으로 제작되었다.

배성기 지음
한국민간위탁경영구소
2023년 2월 출간

KCOMI 통계
2023 전국 지방자치단체 민·관 협업사무 운영 현황 II
민간위탁금(307-05)
사회복지시설법정운영비보조(307-10)
민간인위탁교육비(307-12)
공기관등에대한경상적대행사업비(308-10)

본 도서는 전국 17개 광역자치단체를 포함한 243개 지방자치단체의 2021년 민관 협업사무 운영 현황으로서 국내에서 유일하게 전국 민관 협업사무 운영 현황을 파악할 수 있는 자료이다. 해당 시리즈는 총 3권으로 제작되었다.

배성기 지음
한국민간위탁경영구소
2023년 2월 출간

KCOMI 통계
2023 전국 지방자치단체 민·관 협업사무 운영 현황 III
민간경상사업보조(307-02)
민간단체법정운영비보조(307-03)
민간행사사업보조(307-04)

본 도서는 전국 17개 광역자치단체를 포함한 243개 지방자치단체의 2021년 민관 협업사무 운영 현황으로서 국내에서 유일하게 전국 민관 협업사무 운영 현황을 파악할 수 있는 자료이다. 해당 시리즈는 총 3권으로 제작되었다.

배성기 지음
한국민간위탁경영구소
2023년 2월 출간

KCOMI 통계 - Ebook
2023 전국 지방자치단체 민간위탁 운영현황
민간위탁금(307-05)
사회복지시설법정운영비보조(307-10)
민간인위탁교육비(307-12)
공기관등에대한경상적대행사업비(308-10)

본 도서는 전국 17개 광역자치단체를 포함한 243개 지방자치단체의 민간위탁금(307-06) 예산 운영 현황으로서, 예산 및 해당사무별 업체선정방법, 개별조례 유무, 원가산정기준, 서비스(성과)평가 유무 등을 파악할 수 있는 자료이다.

배성기 지음
한국민간위탁경영구소
2023년 2월 출간

KCOMI 통계
2022 전국 지방자치단체 민·관 협업사무 운영 현황 I
민간경상사업보조(307-02)
민간단체법정운영비보조(307-03)
민간행사사업보조(307-04)

본 도서는 전국 17개 광역자치단체를 포함한 243개 지방자치단체의 2021년 민관 협업사무 운영 현황으로서 국내에서 유일하게 전국 민관 협업사무 운영 현황을 파악할 수 있는 자료이다. 해당 시리즈는 총 3권으로 제작되었다.

배성기 지음
한국민간위탁경영구소
2022년 3월 출간

KCOMI 통계
2022 전국 지방자치단체 민·관 협업사무 운영 현황 II
민간위탁금(307-05)
사회복지시설법정운영비보조(307-10)
민간인위탁교육비(307-12)
공기관등에대한경상적대행사업비(308-10)

본 도서는 전국 17개 광역자치단체를 포함한 243개 지방자치단체의 2021년 민관 협업사무 운영 현황으로서 국내에서 유일하게 전국 민관 협업사무 운영 현황을 파악할 수 있는 자료이다. 해당 시리즈는 총 3권으로 제작되었다.

배성기 지음
한국민간위탁경영구소
2022년 3월 출간

KCOMI 통계
2022 전국 지방자치단체 민·관 협업사무 운영 현황 III
민간경상사업보조(307-02)
민간단체법정운영비보조(307-03)
민간행사사업보조(307-04)

본 도서는 전국 17개 광역자치단체를 포함한 243개 지방자치단체의 2021년 민관 협업사무 운영 현황으로서 국내에서 유일하게 전국 민관 협업사무 운영 현황을 파악할 수 있는 자료이다. 해당 시리즈는 총 3권으로 제작되었다.

배성기 지음
한국민간위탁경영구소
2022년 3월 출간

KCOMI 통계 - Ebook
2022 전국 지방자치단체 민간위탁 운영현황
민간위탁금(307-05)
사회복지시설법정운영비보조(307-10)
민간인위탁교육비(307-12)
공기관등에대한경상적대행사업비(308-10)

본 도서는 전국 17개 광역자치단체를 포함한 243개 지방자치단체의 민간위탁금(307-06) 예산 운영 현황으로서, 예산 및 해당사무별 업체선정방법, 개별조례 유무, 원가산정기준, 서비스(성과)평가 유무 등을 파악할 수 있는 자료이다.

배성기 지음
한국민간위탁경영구소
2022년 5월 출간

KCOMI 통계
2022 공공기관 민간위탁 운영현황

본 도서는 전국 340개 공공기관을 대상으로 2021년 전체사무 민간이전 운영현황을 파악할 수 있는 자료이다.

배성기 지음
한국민간위탁경영구소
2022년 5월 출간

KCOMI 통계
2022 중앙행정기관 행정사무 민간이전 운영현황

본 도서는 전국 342개 중앙행정기관을 대상으로 2018년 민간이전 사업 현황을 분석한 자료로서 국내에서 유일하게 민간위탁 현황을 분석하여, 전국 민간위탁 사무의 관리 현황을 제시하고 있다.

배성기 지음
한국민간위탁경영구소
2022년 5월 출간

KCOMI 통계
2021 전국 지방자치단체 민·관 협업사무 운영 현황 I
민간경상사업보조(307-02)
민간단체법정운영비보조(307-03)
민간행사사업보조(307-04)

본 도서는 전국 17개 광역자치단체를 포함한 243개 지방자치단체의 2021년 민관 협업사무 운영 현황으로서 국내에서 유일하게 전국 민관 협업사무 운영 현황을 파악할 수 있는 자료이다. 해당 시리즈는 총 3권으로 제작되었다.

배성기 지음
한국민간위탁경영구소
2021 3월 출간

KCOMI 통계
2021 전국 지방자치단체 민·관 협업사무 운영 현황 II
민간위탁금(307-05)
사회복지시설법정운영비보조(307-10)
민간인위탁교육비(307-12)
공기관등에대한경상적대행사업비(308-10)

본 도서는 전국 17개 광역자치단체를 포함한 243개 지방자치단체의 2021년 민관 협업사무 운영 현황으로서 국내에서 유일하게 전국 민관 협업사무 운영 현황을 파악할 수 있는 자료이다. 해당 시리즈는 총 3권으로 제작되었다.

배성기 지음
한국민간위탁경영구소
2021년 3월 출간

KCOMI 통계
2021 전국 지방자치단체 민·관 협업사무 운영 현황 I
민간경상사업보조(307-02)
민간단체법정운영비보조(307-03)
민간행사사업보조(307-04)

본 도서는 전국 17개 광역자치단체를 포함한 243개 지방자치단체의 2021년 민관 협업사무 운영 현황으로서 국내에서 유일하게 전국 민관 협업사무 운영 현황을 파악할 수 있는 자료이다. 해당 시리즈는 총 3권으로 제작되었다.

배성기 지음
한국민간위탁경영구소
2021 3월 출간

KCOMI 통계 - Ebook
2021 전국 지방자치단체 민간위탁 운영현황
민간위탁금(307-05)
사회복지시설법정운영비보조(307-10)
민간인위탁교육비(307-12)
공기관등에대한경상적대행사업비(308-10)

본 도서는 전국 17개 광역자치단체를 포함한 243개 지방자치단체의 민간위탁금(307-06) 예산 운영 현황으로서, 예산 및 해당사무별 업체선정방법, 개별조례 유무, 원가산정기준, 서비스(성과)평가 유무 등을 파악할 수 있는 자료이다.

배성기 지음
한국민간위탁경영구소
2021년 7월 출간

KCOMI 통계
2021 공공기관 민간위탁 운영현황

본 도서는 전국 340개 공공기관을 대상으로 2021년 전체사무 민간이전 운영현황을 파악할 수 있는 자료이다.

배성기 지음
한국민간위탁경영구소
2021년 5월 출간

KCOMI 통계
2021 중앙행정기관 행정사무 민간이전 운영현황

본 도서는 전국 342개 중앙행정기관을 대상으로 2018년 민간이전 사업 현황을 분석한 자료로서 국내에서 유일하게 민간위탁 현황을 분석하여, 전국 민간위탁 사무의 관리 현황을 제시하고 있다.

배성기 지음
한국민간위탁경영구소
2021년 5월 출간

KCOMI 통계 - Ebook
2020 전국 지방자치단체
민·관 협업사무 운영 현황 I
민간경상사업보조(307-02)
민간단체법정운영비보조(307-03)
민간행사사업보조(307-04)

본 도서는 전국 17개 광역자치단체를 포함한 243개 지방자치단체의 2020년 민관 협업사무 운영 현황으로서 국내에서 유일하게 전국 민관 협업사무 운영 현황을 파악할 수 있는 자료이다. 해당 시리즈는 총 3권으로 제작되었다.

배성기 지음
한국민간위탁경영구소
2020 7월 출간

KCOMI 통계 - Ebook
2020 전국 지방자치단체
민·관 협업사무 운영 현황 II
민간위탁금(307-05)
사회복지시설법정운영비보조(307-10)
민간인위탁교육비(307-12)
공기관등에대한경상적대행사업비(308-10)

본 도서는 전국 17개 광역자치단체를 포함한 243개 지방자치단체의 2020년 민관 협업사무 운영 현황으로서 국내에서 유일하게 전국 민관 협업사무 운영 현황을 파악할 수 있는 자료이다. 해당 시리즈는 총 3권으로 제작되었다.

배성기 지음
한국민간위탁경영구소
2020년 7월 출간

KCOMI 통계 - Ebook
2020 전국 지방자치단체
민·관 협업사무 운영 현황 III
민간자본사업보조,자체재원(402-01)
민간자본사업보조,이전재원(402-02)
민간위탁사업비(402-03)
공기관등에대한자본적위탁사업비(403-02)

본 도서는 전국 17개 광역자치단체를 포함한 243개 지방자치단체의 2020년 민관 협업사무 운영 현황으로서 국내에서 유일하게 전국 민관 협업사무 운영 현황을 파악할 수 있는 자료이다. 해당 시리즈는 총 3권으로 제작되었다.

배성기 지음
한국민간위탁경영구소
2020년 7월 출간

KCOMI 통계
2020 전국 지방자치단체
민·관 협업사무 운영 현황 통합본

본 도서는 전국 17개 광역자치단체를 포함한 243개 지방자치단체의 각 분야별 2018년 민관 협업사무 운영 현황으로 하수도시설, 하수슬러지건조화시설, 생활폐기물 수집운반, 생활폐기물 소각시설, 재활용 선별시설, 문화예술, 체육, 관광, 공원, 주차장, 청소년수련시설, 장애인복지시설의 운영 현황을 파악할 수 있는 자료이다.

배성기 지음
한국민간위탁경영구소
2020년 7월 출간

KCOMI 통계 - Ebook
2020 전국 지방자치단체
민·관 협업사무 운영 현황
|하수도시설|

본 도서는 전국 17개 광역자치단체를 포함한 243개 지방자치단체의 하수도시설에 대한 2020년 민관 협업사무 운영 현황을 파악할 수 있는 자료이다.

배성기 지음
한국민간위탁경영구소
2020년 5월 출간

KCOMI 통계 - Ebook
2020 전국 지방자치단체
민·관 협업사무 운영 현황
|하수슬러지건조화시설(소각포함)|

본 도서는 전국 17개 광역자치단체를 포함한 243개 지방자치단체의 하수슬러지건조화시설(소각포함)에 대한 2018년 민관 협업사무 운영 현황을 파악할 수 있는 자료이다.

배성기 지음
한국민간위탁경영구소
2020년 5월 출간

KCOMI 통계 - Ebook
2020 전국 지방자치단체
민·관 협업사무 운영 현황
|생활폐기물 수집운반

본 도서는 전국 17개 광역자치단체를 포함한 243개 지방자치단체의 생활폐기물 수집운반에 대한 2020년 민관 협업사무 운영 현황을 파악할 수 있는 자료이다.

배성기 지음
한국민간위탁경영구소
2020년 5월 출간

KCOMI 통계 - Ebook
2020 전국 지방자치단체
민·관 협업사무 운영 현황
|생활폐기물 소각시설

본 도서는 전국 17개 광역자치단체를 포함한 243개 지방자치단체의 생활폐기물 소각시설에 대한 2020년 민관 협업사무 운영 현황을 파악할 수 있는 자료이다.

배성기 지음
한국민간위탁경영구소
2020년 5월 출간

KCOMI 통계 - Ebook
2020 전국 지방자치단체
민·관 협업사무 운영 현황
|재활용 선별시설

본 도서는 전국 17개 광역자치단체를 포함한 243개 지방자치단체의 재활용 선별시설에 대한 2020년 민관 협업사무 운영 현황을 파악할 수 있는 자료이다.

배성기 지음
한국민간위탁경영구소
2020년 5월 출간

KCOMI 통계 - Ebook
2020 전국 지방자치단체
민·관 협업사무 운영 현황
|문화예술부문

본 도서는 전국 17개 광역자치단체를 포함한 243개 지방자치단체의 문화예술부문에 대한 2020년 민관 협업사무 운영 현황을 파악할 수 있는 자료이다.

배성기 지음
한국민간위탁경영구소
2020년 5월 출간

KCOMI 통계 - Ebook
2020 전국 지방자치단체
민·관 협업사무 운영 현황
|관광부문

본 도서는 전국 17개 광역자치단체를 포함한 243개 지방자치단체의 관광부문에 대한 2020년 민관 협업사무 운영 현황을 파악할 수 있는 자료이다.

배성기 지음
한국민간위탁경영구소
2020년 5월 출간

KCOMI 통계 - Ebook
2020 전국 지방자치단체
민·관 협업사무 운영 현황
|체육부문

본 도서는 전국 17개 광역자치단체를 포함한 243개 지방자치단체의 체육부문에 대한 2020년 민관 협업사무 운영 현황을 파악할 수 있는 자료이다.

배성기 지음
한국민간위탁경영구소
2020년 5월 출간

KCOMI 통계 - Ebook
2020 전국 지방자치단체
민·관 협업사무 운영 현황
|공원부문

본 도서는 전국 17개 광역자치단체를 포함한 243개 지방자치단체의 공원부문에 대한 2020년 민관 협업사무 운영 현황을 파악할 수 있는 자료이다.

배성기 지음
한국민간위탁경영구소
2020년 5월 출간

KCOMI 통계 - Ebook
2020 전국 지방자치단체
민·관 협업사무 운영 현황
|주차장시설

본 도서는 전국 17개 광역자치단체를 포함한 243개 지방자치단체의 체육부문에 대한 2020년 민관 협업사무 운영 현황을 파악할 수 있는 자료이다.

배성기 지음
한국민간위탁경영구소
2020년 5월 출간

KCOMI 통계 - Ebook
2020 전국 지방자치단체
민·관 협업사무 운영 현황
|청소년수련시설

본 도서는 전국 17개 광역자치단체를 포함한 243개 지방자치단체의 청소년수련시설에 대한 2020년 민관 협업사무 운영 현황을 파악할 수 있는 자료이다.

배성기 지음
한국민간위탁경영구소
2020년 5월 출간

KCOMI 통계 - Ebook
2020 전국 지방자치단체
민·관 협업사무 운영 현황
|장애인복지시설

본 도서는 전국 17개 광역자치단체를 포함한 243개 지방자치단체의 장애인복지시설에 대한 2020년 민관 협업사무 운영 현황을 파악할 수 있는 자료이다.

배성기 지음
한국민간위탁경영구소
2020년 5월 출간

KCOMI 통계
2019 전국 지방자치단체
민·관 협업사무 운영 현황 통합본

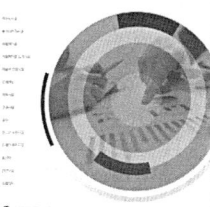

본 도서는 전국 17개 광역자치단체를 포함한 245개 지방자치단체의 각 분야별 2019년 민관 협업사무 운영 현황으로 하수도시설, 하수슬러지건조화시설, 생활폐기물 수집운반, 생활폐기물 소각시설, 재활용 선별시설, 문화예술, 체육, 관광, 공원, 주차장, 청소년수련시설, 장애인복지시설의 운영 현황을 파악할 수 있는 자료이다.

배성기 지음
한국민간위탁경영구소
2019년 출간

KCOMI 통계
2019 전국 지방자치단체
민·관 협업사무 운영 현황 I
민간경상사업보조(307-02)
민간단체법정운영비보조(307-03)
민간행사사업보조(307-04)

본 도서는 전국 17개 광역자치단체를 포함한 245개 지방자치단체의 2019년 민관 협업사무 운영 현황으로서 국내에서 유일하게 전국 민관 협업사무 운영 현황을 파악할 수 있는 자료이다. 해당 시리즈는 총 3권으로 제작되었다.

배성기 지음
한국민간위탁경영구소
2019년 출간

KCOMI 통계
2019 전국 지방자치단체
민·관 협업사무 운영 현황 II
민간위탁금(307-05)
사회복지시설법정운영비보조(307-10)
사회복지사업보조(307-11)

본 도서는 전국 17개 광역자치단체를 포함한 245개 지방자치단체의 2019년 민관 협업사무 운영 현황으로서 국내에서 유일하게 전국 민관 협업사무 운영 현황을 파악할 수 있는 자료이다. 해당 시리즈는 총 3권으로 제작되었다.

배성기 지음
한국민간위탁경영구소
2019년 출간

KCOMI 통계
2019 전국 지방자치단체
민·관 협업사무 운영 현황 III
민간인위탁교육비(307-12),
공기관등에대한경상적대행사업비(308-10)
공사공단경상전출금(309-01)
민간자본사업보조,자체재원(402-01)
민간자본사업보조,이전재원(402-02)
민간위탁사업비(402-03)
공기관등에대한자본적위탁사업비(403-02)
공사공단자본전출금(404-01)

본 도서는 전국 17개 광역자치단체를 포함한 245개 지방자치단체의 2019년 민관 협업사무 운영 현황으로서 국내에서 유일하게 전국 민관 협업사무 운영 현황을 파악할 수 있는 자료이다. 해당 시리즈는 총 3권으로 제작되었다.

배성기 지음
한국민간위탁경영구소
2019년 출간

KCOMI 통계 - Ebook
2019 전국 지방자치단체
민·관 협업사무 운영 현황
|하수도시설|

본 도서는 전국 17개 광역자치단체를 포함한 245개 지방자치단체의 하수도시설에 대한 2019년 민관 협업사무 운영 현황을 파악할 수 있는 자료이다.

배성기 지음
한국민간위탁경영구소
2019년 출간

KCOMI 통계 - Ebook
2019 전국 지방자치단체
민·관 협업사무 운영 현황
|슬러지처리시설|

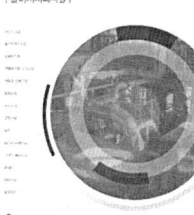

본 도서는 전국 17개 광역자치단체를 포함한 245개 지방자치단체의 하수슬러지건조화시설(소각포함)에 대한 2019년 민관 협업사무 운영 현황을 파악할 수 있는 자료이다.

배성기 지음
한국민간위탁경영구소
2019년 출간

KCOMI 통계 - Ebook
2019 전국 지방자치단체
민·관 협업사무 운영 현황
|생활폐기물 수집운반|

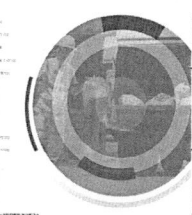

본 도서는 전국 17개 광역자치단체를 포함한 245개 지방자치단체의 생활폐기물 수집운반에 대한 2019년 민관 협업사무 운영 현황을 파악할 수 있는 자료이다.

배성기 지음
한국민간위탁경영구소
2019년 출간

KCOMI 통계 - Ebook
2019 전국 지방자치단체
민·관 협업사무 운영 현황
|생활폐기물 소각시설|

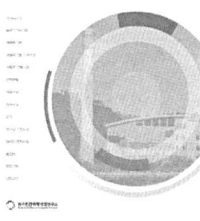

본 도서는 전국 17개 광역자치단체를 포함한 245개 지방자치단체의 생활폐기물 소각시설에 대한 2019년 민관 협업사무 운영 현황을 파악할 수 있는 자료이다.

배성기 지음
한국민간위탁경영구소
2019년 출간

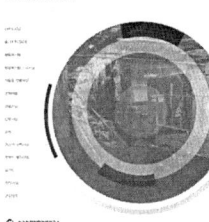

KCOMI 통계 - Ebook
2019 전국 지방자치단체 민·관 협업사무 운영 현황
|재활용 선별시설|

본 도서는 전국 17개 광역자치단체를 포함한 245개 지방자치단체의 재활용 선별시설에 대한 2019년 민관 협업사무 운영 현황을 파악할 수 있는 자료이다.

배성기 지음
한국민간위탁경영구소
2019년 출간

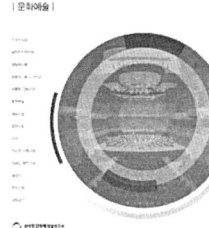

KCOMI 통계 - Ebook
2019 전국 지방자치단체 민·관 협업사무 운영 현황
|문화예술부문|

본 도서는 전국 17개 광역자치단체를 포함한 245개 지방자치단체의 문화예술부문에 대한 2019년 민관 협업사무 운영 현황을 파악할 수 있는 자료이다.

배성기 지음
한국민간위탁경영구소
2019년 출간

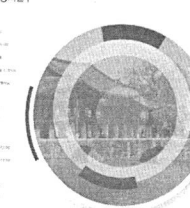

KCOMI 통계 - Ebook
2019 전국 지방자치단체 민·관 협업사무 운영 현황
|관광부문|

본 도서는 전국 17개 광역자치단체를 포함한 245개 지방자치단체의 관광부문에 대한 2019년 민관 협업사무 운영 현황을 파악할 수 있는 자료이다.

배성기 지음
한국민간위탁경영구소
2019년 출간

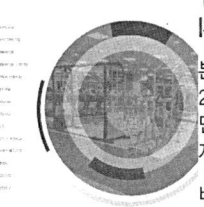

KCOMI 통계 - Ebook
2019 전국 지방자치단체 민·관 협업사무 운영 현황
|체육부문|

본 도서는 전국 17개 광역자치단체를 포함한 245개 지방자치단체의 체육부문에 대한 2019년 민관 협업사무 운영 현황을 파악할 수 있는 자료이다.

배성기 지음
한국민간위탁경영구소
2019년 출간

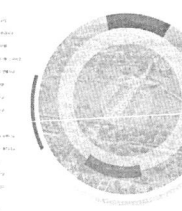

KCOMI 통계 - Ebook
2019 전국 지방자치단체 민·관 협업사무 운영 현황
|공원부문|

본 도서는 전국 17개 광역자치단체를 포함한 245개 지방자치단체의 공원부문에 대한 2019년 민관 협업사무 운영 현황을 파악할 수 있는 자료이다.

배성기 지음
한국민간위탁경영구소
2019년 출간

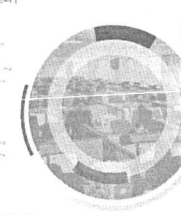

KCOMI 통계 - Ebook
2019 전국 지방자치단체 민·관 협업사무 운영 현황
|콜센터|

본 도서는 전국 17개 광역자치단체를 포함한 245개 지방자치단체의 콜센터 업무에 대한 2019년 민관 협업사무 운영 현황을 파악할 수 있는 자료이다.

배성기 지음
한국민간위탁경영구소
2019년 출간

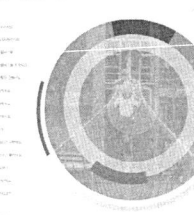

KCOMI 통계 - Ebook
2019 전국 지방자치단체 민·관 협업사무 운영 현황
|청소년수련시설|

본 도서는 전국 17개 광역자치단체를 포함한 245개 지방자치단체의 청소년수련시설에 대한 2019년 민관 협업사무 운영 현황을 파악할 수 있는 자료이다.

배성기 지음
한국민간위탁경영구소
2019년 출간

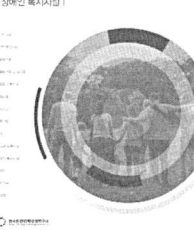

KCOMI 통계 - Ebook
2019 전국 지방자치단체 민·관 협업사무 운영 현황
|장애인복지시설|

본 도서는 전국 17개 광역자치단체를 포함한 245개 지방자치단체의 장애인복지시설에 대한 2019년 민관 협업사무 운영 현황을 파악할 수 있는 자료이다.

배성기 지음
한국민간위탁경영구소
2019년 출간

KCOMI 통계
2019 정보화사업 운영 현황

본 도서는 전국 지방자치단체, 중앙행정기관, 공공기관의 2019년 정보화사업을 대상으로 사업 현황을 분석한 운영 현황 자료이다.

배성기 지음
한국민간위탁경영구소
2019년 8월 출간

SVI 통계 - Ebook
2019 공공기관 사회적 가치 구현사업 운영현황 ㅣ통계자료ㅣ

본 도서는 공공기관 사회적 가치 구현사업의 운영 현황에 대한 통계를 파악할 수 있는 자료이다.

배성기 지음
사회적 가치 연구소
2019년 7월 출간

● 민간위탁 운영 관리 매뉴얼

지방자치단체사무의 민간위탁서비스 운영관리매뉴얼 I
민간위탁조례 및 계약관리방안

민간위탁 성패의 키는 계약관리이다.
본 도서는 민간위탁 서비스를 공급함에 있어 사회적 문제와 이슈를 관리 할 수 있는 체계적인 조례 제정 및 계약관리방법론을 제시하고 있다.

배성기 지음
한국민간위탁경영구소 / 450페이지 / 40,000원
2012년 8월 출간

지방자치단체사무의 민간위탁서비스 운영관리매뉴얼 II
민간위탁 운영관리비용 산정

효율적인 서비스 제공을 위한 원가산정방법론 제시 민간위탁서비스의 대시민 만족도를 높이기 위한 시작은 적정한 비용산정과 지급에서 시작된다. 이를 위해 본 도서에서는 세부적인 원가산정 방법과 산정예시를 들어 설명하고 있다.

배성기 지음
한국민간위탁경영구소 / 409페이지 / 40,000원
2012년 8월 출간

지방자치단체사무의 민간위탁서비스 운영관리매뉴얼 III
민간위탁 서비스 평가

평가 없는 성장 없다.
본 도서에서는 민간위탁 서비스의 지속적인 성장경영을 위한 경영학적 관리지표개발 및 서비스평가방안을 제시하고 있다.

배성기 지음
한국민간위탁경영구소 / 407페이지 / 40,000원
2012년 8월 출간

지방자치단체 민간투자사업 매뉴얼

지방자치단체 공무원들이 민간투자사업 정책 수립을 위한 전반적인 내용을 포괄적으로 다루어, 실무에 직접 적용할 수 있도록 방향을 제시하고 있다.

배성기 지음
한국민간위탁경영구소 / 247페이지 / 25,000원
2015년 9월 출간

● 민간위탁 서비스 경영

공공하수도시설 민간위탁 서비스경영

환경부통계를 기준으로 전국 공공하수처리시설 중 민간위탁으로 운영되는 시설은 318개소, 운영비는 5,000억 원, 운영인원은 3,642명이다. 민간위탁서비스의 질을 높이기 위해서는 시설관리만이 아닌 경영학적 기법이 도입된 체계적인 관리가 필요하다. 이를 위해서 본 도서에서는 공공하수도시설 민간위탁 서비스 경영을 위한 다양한 방안을 제시하고 있다.

배성기 · 안영진 · 박철휘 · 박종운 지음
한국민간위탁경영연구소 / 530페이지 / 40,000원
2012년 4월 출간

공공체육시설 민간위탁 서비스경영

전국 공공체육시설수는 15,137개소로 지속적으로 증가하고 있으며, 국민이 영위하고자 하는 공공체육서비스의 수준도 날로 증가 하고 있다. 이에 민간위탁으로 운영중인 공공체육시설의 서비스 수준의 향상을 위하여 본 도서에서는 공공체육시설 민간위탁 서비스 경영을 위한 다양한 방안을 제시하고 있다.

배성기 · 김영철 지음
한국민간위탁경영연구소 / 500페이지 / 40,000원
출간예정

관광시설 민간위탁 서비스경영

관광시설은 관광을 위한 편익을 제공하는 시설로서 숙박, 교통, 휴식시설 등을 통해 지역경제 활성화에 도움을 주고 있다. 이중 민간위탁으로 운영중인 관광시설을 대상으로 본 도서에서는 관광시설 민간위탁 서비스 경영을 위한 다양한 방안을 제시하고 있다.

배성기 · 김상원 · 김혜진 지음
한국민간위탁경영연구소 / 500페이지 / 40,000원
2015년 9월 출간

생활폐기물 수집 · 민간위탁 서비스경영

우리나라 일일 발생 생활폐기물량은 5만톤 수준으로 지자체에서는 소각, 매립, 재활용 등의 처리를 민간위탁을 통해 수행하고 있다. 본 도서는 민간위탁을 통해 생활폐기물을 처리하고 있는 지자체를 대상으로 효율적·효과적 관리기법을 제시하고 있다.

배성기 지음
한국민간위탁경영연구소 / 500페이지 / 40,000원
2012년 4월 출간

● 정부원가계산

공기업·준 정부기관·기타 공공기관
정부원가계산의 이론과 실제

공공감사법 적용대상기관인 중앙 41개 기관, 공공 272개 기관의 정부예산 지출시 합리적인 예산지출 및 효과성을 높이기 위해 본 도서는 정부원가계산의 올바른 방법을 이론과 사례를 기준으로 제시하고자 하였다.

배성기 지음
한국민간위탁경영연구소/400페이지/35,000원
2012년 8월 출간

● 사회적 기업 및 비영리 법인

사회적기업 및 비영리법인의
공공부문 계약 입찰

국가 공공서비스가 좀 더 선진 화 되기 위해서는 많은 사회적기업 및 비영리법인이 공공서비스 분야의 입찰 참가를 해야 한다. 정부와 동격의 파트너십을 통해 국민 모두를 파트너십의 수혜자로 만들기 위해 친절하고 자세하게 계약 참여 안내를 하고 있다.

배성기 옮김
한국민간위탁경영연구소 · scotland.gov.uk
/250페이지/30,000원
2012년 8월 출간

● 기타 민간위탁 분야 도서

KCOMI통계 2013
전국 민간위탁 운영현황 분석

본 도서는 민간위탁 본연의 목적과 기능을 유지하기 위해 발주처에서는 선택의 폭을 넓히고, 위탁기업들은 건전한 경쟁관계를 유도하기 위하여 전국 246개 지자체별 민간위탁 사무현황, 위탁예산현황, 위탁기업의 현황, 위탁기간 현황, 위탁자 선정방법 등을 조사·분석하였다.

배성기 지음
한국민간위탁경영연구소 / 513페이지 / 20,000원
2013년 8월 출간

민간위탁 절차·평가 개선 교육교재

민간위탁제도가 도입된 지 13년이 지났지만 민간위탁에 대한 제도적 정비 및 운영상의 문제에 대한 지적은 끊이지 않는다. 본 도서는 민간위탁 사무를 추진함에 있어 꼭 필요한 조례, 계약, 비용, 평가 등의 내용을 중심으로 지방자치단체 공무원들의 정책결정을 돕고자 작성되었다.

배성기 지음
한국민간위탁경영연구소
민간위탁교육 참가자 배부용

공공하수처리시설 민간위탁
서비스평가

평가없는 성장 없다.
본 도서는 현행 공공하수처리시설 민간위탁 평가에 대한 법적 근거 및 제도에 대한 고찰을 통하여 보다 합리적인 민간위탁 서비스 평가 방안을 제시하고 있다.

배성기·안영진·박철휘·박종운 지음
한국민간위탁경영연구소 / 316페이지 / 25,000원
2011년 12월 출간

큰 사회(BIG Society)

영국 캐머런 총리의 큰 사회는 공공서비스 향상을 추구하며, 개념적으로는 국가를 반대하지 않으며 다양한 증거를 바탕으로 영국 사회를 지원하고 사회적 욕구를 충족시키는 현재 국가의 능력에 대해 깊이 있게 고민한다. 이는 우리나라에도 시사하는 바가 크므로 소개하고자 하였다.

배성기·이화진·김태현·남효응 옮김
나남출판사·UBP / 165페이지 / 15,000원
출간 예정

공공관리 번역 도서

분쟁 후 취약한 상황에서의 정부기능 및 정부서비스 민간위탁

본 역서는 원조의 비효율적 비효과적 집행을 방지하고, 수원국의 역량개발에 도움을 줄 수 있는 방안을 도모하여 현장실무자들과 정부의 정책입안자들과 협력하기 위한 안내서의 역할을 해 줄 것이다. 또한 선진국의 민간위탁제도 운영방법론은 국내에서 좋은 시사점을 제공하고 있다.

배성기 옮김
한국민간위탁경영연구소 · OECD / 165페이지 / 25,000원
2011년 11월 출간

지방정부 서비스계약 (Local Government Contract)

공공을 위한 최선의 거래를 추구하는데 있어서 책임성과 유연성, 공익성과 경제성 등을 최적으로 조합하는 것은 현대 서비스 계약업무의 핵심이다. 본 역서는 그 조합방식을 유용하게 제안하고 있다.

배성기 옮김
한국민간위탁경영연구소 · ICMA / 200페이지 / 30,000원
출간 예정

정부계약자들을 위한 가격책정 및 원가계산 (Pricing and Cost Accounting)

정부와 계약기간 중 요구사항을 준수하고, 이윤을 유지하기 위한 협상방법을 수록하고 있다. 입찰에 대한 변경요구 사항은 가격책정, 원가계산, 하도급, 계약변경을 수반하며 이에 대한 정보를 제공하고 있다.

배성기 옮김
한국민간위탁경영연구소 · MC / 220페이지 / 25,000원
출간예정

서비스 수준관리 (Service Level Management)

서비스 수준관리(SLM)는 서비스 업무범위를 정의하여 서비스제공에 따른 업무목표, 해당부서 및 책임부서를 기술하고 고객과 서비스 공급업체의 업무분담을 명확히 하여 서비스 공급업체와 고객 양측 모두의 기대와 목적을 충족시키기 위한 내용을 기술하고 있다.

배성기 옮김
한국민간위탁경영연구소 · TAS / 240페이지 / 25,000원
출간 예정

공공관리와 성과 (Public Management and Performance)

공공서비스 성과가 뜻하는 바가 무엇이고, 이와 관련한 연구의 주요 성과는 무엇인가? 왜 관리가 중요한가? 연구자, 정책결정자, 실무자들에게 주는 함의는 무엇이며, 향후 과제는 무엇인가? 에 대해 저자들은 이야기 하고 있다.

배성기 · 김윤경 · 김영철 옮김
한국민간위탁경영연구소 · 캠브리지대학출판사 / 200페이지 / 35,000원
2012년 8월 출간

사회기반시설 자산관리 (Infrastructure Asset Management)

자산관리의 목표, 서비스 제공능력과 자산상태의 구체적 목표를 검토하고, 자산관리 활동을 최적화·체계화하기 위해 현재의 서비스 제공능력과 자산상태(condition)를 비교한다. 또 최적의 의사결정을 위해 필요한 재정적 고려사항에 대해서도 요약하고 있다.

유인균 · 박미연 · 배성기 옮김
한국민간위탁경영연구소 · CIRIA / 200페이지 / 35,000원
2012년 8월 출간

지방자치단체 사회적가치구현을 위한 공공조달프레임워크

영국의 중앙 및 지방정부기관들은 최저가 대신 사회적 가치를 고려해 최고가치(Best Value)를 지닌 쪽을 선택하도록 규정과 지침을 만들어 공공조달에 적용하고 있다.
이에, 영국의 사회적 가치 구현을 위한 조달규정 및 지침관련 사례를 발굴하여 국내에 홍보·전파하고자 출간하게 되었다.
배성기
브릿지협동조합 / 170페이지 / 25,000원
2016년 4월 출간

지방자치단체 공공서비스 혁신
협동조합도시 런던시 램버스구

영국 런던시 램버스구, 협동조합방식의 지방자치단체 경영과 공공서비스 혁신을 가능하게 하는 영국의 법·제도적 환경, 지자체조례, 지자체 경영원칙, 사회적 · 경제적 · 환경적 가치구현을 위한 목표달성전략 및 프로세스등을 자세히 소개하고 있다.

배성기 지음
브릿지협동조합 / 184페이지 / 25,000원
2016년 5월 출간

영국 중앙정부 및 지방정부 사회적 가치 구현 사례집

본 지침은 Highways England와 하도급업체가 2012년 공공서비스(사회적가치)법에 의한 서비스 공급과 관련된 사회적가치를 확인하고 구현하기 위한 접근방법을 설명한다.

배성기 옮김
사회적 가치 연구소 / 290페이지 / 21,000원
2018년 6월 출간

사회적기업 및 비영리법인의 공공부문 계약 입찰

지방계약분야는 사회 · 경제적 상황에 따라 빠르게 변화하는 분야이며, 많은 관련 법령과 하위 규정들이 있어 실무자들이 업무를 숙지하는 데 상대적으로 어려움을 겪는 분야이기도 합니다. 2018년도 매뉴얼은 계약시 고려해야 할 사회적 가치와 더불어 실무에서 주로 활용되는 유권해석, 판례 등을 중점적으로 수록하였습니다.

서울특별시 엮음
브릿지협동조합 / 350페이지 / 24,000원
2018년 6월 출간

한국민간위탁연구소는 공공서비스 관리 혁신을 통해
더 나은 정부, 더 나은 사회, 더 많은 사업기회를 만들어 갑니다.

T. 02-943-1941   F. 02-943-1948   E. kcomi@kcomi.re.kr   H. www.kcomi.re.kr

큰날개

큰날개는 급변하는 국내의 사회 환경 가운데에서 다양한 의견을 수렴하여 인간이 추구하는
더 높은 이상향을 향해 나아가고자 하는 바람을 추구하는 출판전문기업입니다.
특히 사회적으로 가치 있는 콘텐츠를 가진 사람이라면 누구나 책을 출간 할 수 있고,
원하는 독자층에 도달 할 수 있도록 도와주는 퍼블리싱 파트너(Publishing Partner)가 되고자 합니다.

T. 02-943-1947 F. 02-943-1948 H. bigwing.modoo.at